HEYNE KOCHBÜCHER

Rosemarie Farkas

Omeletts, Crêpes und Pfannkuchen

Neue und klassische Rezepte
aus aller Welt

Originalausgabe

WILHELM HEYNE VERLAG
MÜNCHEN

Heyne Kochbuch
07/4741

http://www.heyne.de
Printed in Germany 1999
Umschlaggestaltung: Hauptmann und Kampa, Werbeagentur, CH-Zug
Umschlagfotos: Maria Harder, Hamburg
Innenfotos: Stockfood / Eising, München (Seite 17)
Stockfood / S. & P. Eising, München (Seite 71, 89, 169, 205)
Stockfood / Susie Eising, München (Seite 35, 151)
Stockfood / Visa/Vasseur, München (Seite 187)
Stockfood / Thom DeSanto, München (Seite 53)
Fotostudio Teubner, Füssen (Seite 107, 133, 223)
Satz: Schaber Satz- und Datentechnik, Wels
Druck und Bindung: RMO-Druck, München

ISBN 3-453-15987-X

Inhalt

Abkürzungen und Erklärungen:

EL = Eßlöffel
TL = Teelöffel
Msp = Messerspitze
g = Gramm
l = Liter
ml = Milliliter($^{1}/_{1000}$ l, 1 g)
cl = Zentiliter ($^{1}/_{100}$ l)
TK = Tiefkühlkost

1 Tasse entspricht etwa 200 ml

Wo nicht anders angegeben, sind die Rezepte für 4 Personen berechnet.

Einleitung

Pfannkuchen – eine freundliche Speise

Pfannkuchen scheinen ein fröhliches Thema zu sein. Immer wenn ich Freunden oder Bekannten erzählte, dass ich gerade an einem Pfannkuchenbuch arbeite, war die Reaktion zunächst Belustigung, dann freudige Anteilnahme. Alle erzählten sofort, welches ihr Lieblingspfannkuchen sei, wie gern sie zu bestimmten Gelegenheiten Pfannkuchen essen und auch zubereiten würden – ganz offensichtlich verbinden die meisten mit diesem Thema angenehme Erinnerungen. Kurz: Pfannkuchen sind sympathisch. Brot verdienen wir im Schweiße unseres Angesichts, Salat signalisiert Fitness und Vitalität – und dabei leicht auch Askese –, Gemüse ist vernünftig. Ganz anders die Assoziationen zu Pfannkuchen: Pfannkuchen besänftigen, geben ein wohlig-rundes Gefühl. Pfannkuchen sind ein Stück vom verlorengegangenen Paradies. Ihr Geschmack ist mild – selbst ein rasant gewürzter Pfannkuchen wirkt durch seine Konsistenz immer noch sanft. Auch im ironischen Dreiklang »Friede, Freude, Eierkuchen« klingt eigentlich nur Positives an. Ach, wäre doch das ganze Leben so erfreulich wie ein Pfannkuchen!

Das Ei – ein geniales Lebensmittel

Zwar enthalten viele Pfannkuchen nur einen verhältnismäßig geringen Eieranteil, doch ganz ohne kommen sie kaum aus. Sprechen wir also über das Ei.

Eier sind kostbar – nicht vom Preis her, aber sowohl von ihrem realen wie auch ihrem symbolischen Gehalt: Das Ei spielt eine Hauptrolle in den Schöpfungsmythen vieler Völker, sei es, dass Göttinnen sich eierlegend fortpflanzten oder dass gar das ganze Universum als riesiges Ei angesehen wurde.
Eier sind wie kein anderes Lebensmittel ein Symbol für kommendes Lebens – sie haben aber auch materiell eine Menge zu bieten. Sie sind, was Eiweiß betrifft, sozusagen die Leitwährung für alle übrigen Nahrungsmittel: Die biologische Wertigkeit von Hühnereiweiß wird mit dem Wert 100 angesetzt und ist Maßstab für Fleisch und Getreide, Gemüse und Milchprodukte, die allesamt niedriger bewertet werden als ein schlichtes Ei.
Daneben bieten sie Eisen (vor allem im Eigelb) – das macht sie für Ovo-Lacto-Vegetarier so wertvoll –, B-Vitamine und Magnesium.
Ein solch generöses Lebensmittel hat Wertschätzung verdient, und die äußert sich vielleicht am besten darin, dass wir auch seine Lieferantin schätzen und ihr – wenn wir ihr schon ihre Eier entwenden – als Dank ein halbwegs angenehmes Leben in Form von artgerechter Haltung gönnen sollten. Im übrigen zahlt sich die gute Behandlung der Henne – im Freiland, wenn möglich vom Bio-Bauernhof – dadurch wieder aus, dass die berühmten glücklichen Hühner auch die besseren Eier legen: mit mehr Geschmack, dafür ohne Dioxine, Salmonellen, Antibiotika und was dergleichen Unappetitlichkeiten mehr sind.

Das Mehl

Mit Ausnahme des klassischen *Omeletts,* der spanischen *Tortilla* wie auch der italienischen *Frittata* enthalten Pfannkuchen immer mehr oder weniger fein gemahlenes Getreide. Am üblichsten ist feines Weizenmehl, das durch seinen Anteil an Kle-

ber-Eiweiß schön locker aufgeht. Doch auch Buchweizenmehl kommt zum Einsatz, vor allem in Rußland, den Alpenregionen und der Bretagne, Reismehl in Asien, Tapiokamehl in Brasilien oder Maismehl in Mittelamerika.
Wenn Sie einen lockeren Pfannkuchen haben möchten, sollte das Mehl wenigstens zur Hälfte aus Weizen bestehen. Pfannkuchen, die ausschließlich etwa mit Buchweizen- oder Maismehl gemacht sind, werden immer platt und relativ fest sein, da hilft kein Backpulver und keine Hefe. Ausnahme: Wenn der Teig sehr viele Eier enthält, sorgen die für ausreichend Volumen und Geschmeidigkeit.
Unproblematisch ist der Einsatz von Vollkornmehl. Sie müssen dafür die Rezepte nicht groß verändern. Lassen Sie den Teig nur ausreichend lange quellen, eine halbe Stunde mindestens, etwas länger ist in dem Fall noch besser. Wenn Sie ihn jetzt noch einmal durchrühren und er Ihnen zu dick erscheint, verdünnen Sie ihn mit etwas Flüssigkeit.

Kochzubehör

Pfannkuchen gehören zu den elementaren Gerichten, die nicht allzu hohe Ansprüche an Kochkunst und Ausrüstung stellen. Das macht sie sympathisch und auch bei Koch-Anfängern so beliebt. Die ersten Pfannkuchen haben unsere Vorfahren auf heißen Steinen gebacken: die einfachen Mehlfladen, deren vergleichsweise raffinierte Fortentwicklung all die Eierkuchen, Crêpes, Palatschinken und Tortillas ja sind. Heiße Steine würde ich Ihnen für Ihr Frühstücksomelett nicht empfehlen, sondern eine vernünftige Pfanne – das einzige Zubehör, über das es sich den Kopf zu zerbrechen lohnt.
In alten Kochbüchern ist der Rat zu lesen, für Eierkuchen eine eigene Pfanne zu reservieren, die nie für etwas anderes gebraucht würde. Ganz aus Gußeisen sollte sie sein, und nie sollte

Wasser sie berühren. Gereinigt würde so eine Pfanne ausschließlich dadurch, dass man sie mit einer Speckschwarte ausrieb oder, wenn sie es ganz nötig hatte, mit Salz und Papier rieb und schrubbte.
Eine schwere Eisenpfanne, ausschließlich für Omeletts, hatte ich nie, und vielleicht lag es daran, dass es immer Probleme gab. Wenn ich Pfannkuchen machte – in einer schweren Eisenpfanne zwar, in der aber auch alles andere gebrutzelt wurde – mußte ich den ersten immer aus der Pfanne kratzen und wegwerfen. Erst der zweite und die nachfolgenden gelangen.
Inzwischen gibt es in unserem Haushalt eine Eierpfanne und eine extra Crêpes-Pfanne. Die sind allerdings weder schwer an Gewicht noch werden sie mit Speckschwarten gereinigt. Dass sie so perfekt funktionieren, liegt an ihrer Beschichtung. Der Teig kann nicht ankleben, und auch das Wenden durch Hochwerfen funktioniert besonders gut.
Obwohl ich beschichtete Pfannen sonst nicht ausstehen kann und für alles andere schwere Eisenpfannen benutze, bin ich bekehrt, soweit es um Eierspeisen geht. Die speziellen Eierpfannen gibt es in allen Preislagen, wobei auch preiswerte perfekt funktionieren. Es gibt nette Pfannen mit lustigen Bildern von Crêpes oder Spiegeleiern auf dem Boden, die kosten nicht viel, funktionieren wunderbar, und bereits der erste Pfannkuchen kommt einem freundlich-locker entgegen.
Allerdings gibt es nur wenige Pfannen, die vom Griff her ofenfest sind – ein Nachteil, der sich ebenfalls durch alle Preisklassen zieht. Omeletts, insbesondere Schaumomeletts und dickere Pfannkuchen gelingen besonders schön, wenn sie im Backofen bei kräftiger Oberhitze zu Ende gebacken werden – und dafür braucht es eben eine Pfanne mit Metall- oder wenigstens Holzgriffen.
Wer viel Platz in der Küche sowie ein ausreichend großes Budget hat und wirklich oft Crêpes backt, für den – und nur für

den – könnte sich die Anschaffung einer speziellen Crêpe-Platte lohnen. Das Besondere daran ist, dass der Teig – weil kein hinderlicher Rand da ist –, ganz flach verstrichen werden kann und die Crêpes dadurch extrem dünn gelingen.
Sonst brauchen Sie für Pfannkuchen, Crêpes und Omeletts lediglich eine Rührschüssel und einen Schneebesen, einen elektrischen Handrührer für das Schlagen von Eischnee und einen Pfannenwender zum Umdrehen der Küchlein.

Das klassische Omelett

Salopp gesagt ist ein klassisches Omelett eigentlich bloß ein unfertiges Rührei. Stellen Sie sich vor, Sie wollten ein Rührei machen: Sie verquirlen Eier mit Salz und vielleicht einem Löffel Sahne, erhitzen Butter in der Pfanne und gießen die Eier hinein. Wenn Sie jetzt vergessen umzurühren – vielleicht, weil das Wasser kocht und Sie erst den Tee zubereiten – haben Sie statt Rührei ein klassisches Omelett in der Pfanne. Sie lassen es, wie es ist, oder bestreuen es mit Käse oder Kräutern und klappen es zusammen. Ein üppiges Frühstücksgericht oder ein nettes, leichtes Mittag- oder Abendessen ist fertig.

Pro Person:

3 Eier · etwas Salz
nach Belieben 1 EL Sahne · 1 EL Butter

Eier mit Salz – nur eine winzige Spur, wenn das Omelett anschließend süß gegessen wird, eine kräftigere Prise, wenn das Omelett salzig sein soll – und der Sahne verquirlen. Perfektionisten gießen die Masse durch ein Sieb.
Eine Pfanne, die im Idealfall beschichtet ist, zunächst ohne Butter erwärmen, die Butter zugeben und die Eiermasse einfüllen. Stocken lassen, und wenn das Omelett unten schön goldbraun und oben nicht mehr flüssig ist, zusammenklappen. Z. B. mit frischen Kräutern bestreut servieren.

Arabisches Kräuteromelett

(siehe Foto Seite 17)

Das apart-würzige Omelett enthält eine ordentliche Portion Knoblauch. Wenn Ihnen das zuviel des Guten ist, können Sie die Menge etwas reduzieren.

FÜR DIE SAUCE:

2 Frühlingszwiebeln · 300 g griechischer Joghurt
4 Knoblauchzehen · Salz · Pfeffer

FÜR DIE OMELETTS:

je 1 Bund Petersilie · Dill und Minze · 2 Frühlingszwiebeln
2 Knoblauchzehen · 3 EL Öl · 1 EL Butter
8 Eier · Salz · Pfeffer

Für die Sauce das Weiße und das helle Grün der Frühlingszwiebeln in feine Ringe schneiden und mit dem Joghurt vermischen. Den Knoblauch dazupressen. Mit Salz und Pfeffer abschmecken.

Für das Omelett die Kräuter waschen und hacken. (einige Minzblättchen zum Dekorieren zurückbehalten). Die Frühlingszwiebeln in feine Ringe schneiden und den Knoblauch fein hacken. Die Hälfte der Kräuter-Knoblauch-Mischung in Öl und Butter sanft andünsten (etwa 2 Minuten). Die andere Hälfte mit den Eiern verquirlen, kräftig salzen, pfeffern und über die angedünsteten Kräuter gießen. Bei schwacher Hitze stocken lassen und, sobald die Oberfläche nicht mehr flüssig ist, mit Hilfe eines Tellers wenden und kurz fertigbacken. Omelett in 4 Stücke schneiden und mit der Joghurt-Sauce anrichten. Mit Minzblättchen dekorieren.

Das Schaumomelett

In einem alten Kochbuch fand ich für Schaumomeletts die erstaunliche Bezeichnung »Ohrfeigen«. Was es damit genau auf sich hat, ging aus dem Zusammenhang leider nicht hervor.
Das Schaumomelett ist besonders zart und luftig, weil die Eier erst getrennt werden – das Eiweiß steif geschlagen und dann behutsam wieder mit dem Eigelb vermengt wird – bevor sie gemeinsam in die Pfanne kommen. Die Schwierigkeit dabei: Die schaumige Masse neigt dazu, unten dunkel zu werden, bevor sie oben gestockt ist. Eine beschichtete Pfanne ist sehr hilfreich, die Brattemperatur sollte niedriger sein als bei einem gewöhnlichen Omelett.

Pro Person:

3 Eier · 1 Prise Salz · Butter für die Pfanne

Die Eier trennen und das Eiweiß mit wenig Salz sehr steif schlagen. Eigelbe verquirlen und den Eischnee locker unterheben. Butter in der Pfanne schmelzen, Schaummasse in die Pfanne füllen.

Jetzt haben Sie 3 Möglichkeiten:

- Sie können das Omelett zugedeckt nur von einer Seite backen (für Perfektionisten: Den Deckel mit einem Küchentuch umwickeln, damit kein kondensierender Dampf auf das Omelett tropft und unschöne Löcher hinterlässt.)

- oder – sobald die Masse soweit gestockt ist, dass sie nicht mehr verläuft – das Omelett wenden und auf der zweiten Seite ganz kurz backen
- oder das Omelett nach wenigen Minuten Bratzeit noch kurz im Backofen überbacken oder übergrillen. Besonders schön bei süßen Schaumomeletts: Mit etwas Puderzucker bestreuen, bevor Sie es unter den Grill stellen, der Zucker karamelisiert dann.

Anmerkung: Schaumomeletts sind keine geeigneten Objekte für akrobatische Wurfübungen. Sie sind nicht elastisch, sondern brechen leicht. Zum Wenden also das Omelett auf einen Teller bugsieren, einen zweiten darüberstülpen, wenden und zurück in die Pfanne gleiten lassen.

Schaumomelett mit Himbeeren

(siehe Foto Seite 35)

Bei größerem Appetit sind die Omeletts ein Dessert für zwei. Wenn es ein kleiner süßer Nachtisch sein soll, reicht jeweils ein halbes Omelett für vier Personen.

FÜR DIE OMELETTS:

3 Eier · 40 g Zucker · 1 Msp Vanillemark
abgeriebene Schale von ½ unbehandelten Orange
40 g Butter zum Braten

FÜR DIE FÜLLUNG:

200 g Himbeeren · 1 EL Puderzucker
2 cl Orangenlikör

Die sauberen Himbeeren mit Puderzucker bestäuben und mit dem Likör beträufeln. Zugedeckt ziehen lassen.
Inzwischen die Eier trennen. Das Eiweiß steif schlagen, dabei nach und nach die Hälfte des Zuckers einrieseln lassen. Die Eigelbe mit restlichem Zucker, Vanillemark und Orangenschale schaumig rühren.
Den Eischnee auf die Schaummasse häufen und mit einem Teigspachtel alles locker ineinander mischen.
In zwei Pfannen jeweils die Hälfte der Butter zerlassen. Die Omelettmasse in den Pfannen verteilen, die Oberfläche glattstreichen. Die Omeletts zugedeckt bei schwacher Hitze 6–8 Minuten backen, dabei die Pfanne gelegentlich leicht rütteln, damit nichts anbrennt.
Die Omeletts – im ganzen oder halbiert – auf vorgewärmte Teller verteilen, mit den Himbeeren füllen, übereinanderklappen und mit Puderzucker bestäuben.

Arabisches Kräuteromelett (Rezept Seite 13)

Pancakes

*Einfache Buttermilch-Pancakes
mit Ahorn-Orangen-Sirup*

✶

Geschichtete Pancakes mit Ahornsirup

✶

Blueberry-Pancakes

✶

Üppige Buttermilch-Pancakes

✶

Beer Pancakes

✶

Sour Cream Pancakes

✶

Pancakes with Raisins and Nuts

✶

Bananen-Pancakes

Die knusprig-plustrigen goldbraunen Pfannküchlein sind Amerikas Frühstücksfavoriten. Typisch ist die Verwendung von Backpulver, das den Pfannkuchen reichlich Volumen gibt und von Buttermilch, die den Geschmack der Pancakes prägt. Saure Sahne geht geschmacklich in die gleiche Richtung, macht die *pancakes* aber üppiger – und sehr lecker.

Einfache Buttermilch-Pancakes mit Ahorn-Orangen-Sirup

(siehe Foto Seite 53)

Für 12 Stück:

250 g Mehl · 2 TL Backpulver · ½ TL Salz
2 EL Zucker · 1 Ei · 300 ml Buttermilch ohne Klümpchen
30 g flüssige Butter
Butterschmalz oder Öl zum Braten

FÜR DEN SIRUP:

30 g flüssige Butter · 100 ml Ahornsirup
1 EL geriebene Schale von 1 Bio-Orange

Mehl, Backpulver, Salz und Zucker mischen und mit Ei, Buttermilch und flüssiger Butter zu einem glatten Teig rühren.
In einer kleinen, möglichst beschichteten Pfanne wenig Fett erhitzen. 1 bis 2 EL Teig in die Pfanne gießen und zu einem kleinen runden Fladen verstreichen. Die Pancakes sollen klein sein – wenn die Pfanne sehr groß ist, passen 2 oder 3 Küchlein auf einmal hinein.
Von beiden Seiten zart goldbraun backen. Im 70° heißen Backofen warm halten, bis alle Pancakes fertig sind.
Für die Sauce Butter, Sirup und Orangenschale zwei Minuten unter Rühren kochen.

Variante: Für **Geschichtete Pancakes mit Ahornsirup** verwenden Sie statt des Ahorn-Orangen-Sirups einfach Ahornsirup und stapeln die Pancakes wie auf dem Bild.

Blueberry Pancakes

Heidelbeer-Pfannküchlein

Ohne Blaubeeren (Heidelbeeren) geht in der süßen Küche Amerikas gar nichts. Ob zu Muffins oder wie hier im Pfannkuchen – Blueberries müssen sein.

Für 12 Stück:

250 g Mehl · 2 TL Backpulver · ½ TL Salz
2 EL Zucker · 1 Ei · ¼ l Milch · 50 g flüssige Butter
200 g Heidelbeeren
Butter oder Öl zum Braten

AUSSERDEM:

flüssige Butter und Ahornsirup zum Beträufeln

Mehl, Backpulver, Salz und Zucker mischen und mit Ei, Milch und flüssiger Butter zu einem glatten Teig rühren. Die gewaschenen Heidelbeeren unterrühren.

In einer kleinen, möglichst beschichteten Pfanne wenig Fett erhitzen. 1 bis 2 EL Teig in die Pfanne gießen und zu einem kleinen runden Fladen verstreichen. Die Pancakes sollen klein sein – wenn die Pfanne sehr groß ist, passen 2 oder 3 Küchlein auf einmal hinein.

Von beiden Seiten zart goldbraun backen. Im 70° heißen Backofen warm halten, bis alle Pancakes fertig sind.

Mit Ahornsirup und flüssiger Butter beträufelt servieren.

Üppige Buttermilch-Pancakes

Für 12 Stück:

250 g Mehl · 2 TL Backpulver · ½ TL Salz
2 EL Zucker · 1 Ei · 50 g flüssige Butter
⅜ l Buttermilch ohne Klümpchen
Butterschmalz oder Öl zum Braten

AUSSERDEM:

200 g Sauerrahm
1 TL abgeriebene Schale von 1 Bio-Orange
Ahornsirup

Mehl, Backpulver, Salz und Zucker mischen und mit Ei, Buttermilch und flüssiger Butter zu einem glatten Teig rühren.
In einer kleinen, möglichst beschichteten Pfanne wenig Fett erhitzen. 1 bis 2 EL Teig in die Pfanne gießen und zu einem kleinen runden Fladen verstreichen. Die Pancakes sollen klein sein – wenn die Pfanne sehr groß ist, passen 2 oder 3 Küchlein auf einmal hinein.
Von beiden Seiten zart goldbraun backen. Im 70° heißen Backofen warm halten, bis alle Pancakes fertig sind.
Mit Ahornsirup und flüssiger Butter beträufelt servieren.

Beer Pancakes

Bier-Pfannküchlein

Das Bier wirkt als Triebmittel im Pfannkuchenteig. Bevorzugte Ergänzung zum *beer pancake:* Ahornsirup, Hüttenkäse oder Schinken.

Für 12 Stück:

250 g Mehl · 2 TL Backpulver · ½ TL Salz
1 EL Zucker · 1 Ei
100 ml Bier · 150 ml Milch · 50 g flüssige Butter
Butterschmalz oder Öl zum Braten

Mehl, Backpulver, Salz und Zucker mischen und mit Ei, Bier, Milch und flüssiger Butter zu einem glatten Teig rühren.
In einer kleinen, möglichst beschichteten Pfanne wenig Fett erhitzen. 1 bis 2 EL Teig in die Pfanne gießen und zu einem kleinen runden Fladen verstreichen. Die Pancakes sollen klein sein – wenn die Pfanne sehr groß ist, passen 2 oder 3 Küchlein auf einmal hinein.
Von beiden Seiten zart goldbraun backen. Im 70° heißen Backofen warm halten, bis alle Pancakes fertig sind.
Mit Ahornsirup und flüssiger Butter beträufelt servieren.

Sour Cream Pancakes

Sauerrahm-Pfannküchlein

Für 12 Stück:

250 g Mehl · 2 TL Backpulver · ½ TL Salz
1 EL Zucker · 1 Ei · 250 g Sauerrahm
Butterschmalz oder Öl zum Braten

Mehl, Backpulver, Salz und Zucker mischen und mit Ei und Sauerrahm zu einem glatten Teig rühren.
In einer kleinen, möglichst beschichteten Pfanne wenig Fett erhitzen. 1 bis 2 EL Teig in die Pfanne gießen und zu einem kleinen runden Fladen verstreichen. Die Pancakes sollen klein sein – wenn die Pfanne sehr groß ist, passen 2 oder 3 Küchlein auf einmal hinein.
Wenn an der Oberfläche Blasen aufplatzen, wenden und von der anderen Seite kurz fertigbacken. Im 70° heißen Backofen warm halten, bis alle Pancakes fertig sind.
Mit Ahornsirup und flüssiger Butter beträufelt servieren.

Pancakes with Raisins and Nuts

Rosinen-Nuss-Pfannküchlein

Die Pfannküchlein mit Rosinen und Walnüssen schmecken nicht nur zu Frühstück und Brunch – zusammen mit einer heißen Schokolade sind sie ein Labsal für kühle Nachmittage.

Für 12 Stück:

250 g Mehl · 2 TL Backpulver · ½ TL Salz
2 EL Zucker · 2 Eier · ¼ l Buttermilch ohne Klümpchen
30 g flüssige Butter · 75 g Walnusskerne · 50 g Rosinen
Butterschmalz zum Braten

AUSSERDEM:
Zucker und Zimt zum Bestreuen

Mehl, Backpulver, Salz und Zucker mischen und mit Eiern, Buttermilch und flüssiger Butter zu einem glatten Teig rühren. Die Walnüsse hacken und zusammen mit den Rosinen untermischen.

In einer kleinen, möglichst beschichteten Pfanne wenig Fett erhitzen. 1 bis 2 EL Teig in die Pfanne gießen und zu einem kleinen runden Fladen verstreichen. Die Pancakes sollen klein sein – wenn die Pfanne sehr groß ist, passen 2 oder 3 Küchlein auf einmal hinein.

Von beiden Seiten zart goldbraun backen. Im 70 ° heißen Backofen warm halten, bis alle Pancakes fertig sind.

Die fertigen Pancakes mit Zucker und Zimt bestreuen.

Bananen-Pancakes

Die Bananen befinden sich nicht nur in der Joghurt-Bananen-Creme, die mit den Pancakes gereicht wird, sondern auch im Pfannkuchenteig selbst.

Für 12 Stück:

FÜR DIE BANANENCREME:

2 Bananen · 250 g Sahnequark · 100 g Joghurt
1 EL Zucker · 50 g Pecan-Nüsse (ersatzweise Walnüsse)

FÜR DEN TEIG:

2 Bananen · 250 g Mehl · 2 TL Backpulver
$\frac{1}{2}$ TL Salz · 1 EL Zucker · 2 Eier · $\frac{1}{4}$ l Buttermilch
$\frac{1}{4}$ l Vollmilch · 30 g flüssige Butter
Butterschmalz zum Braten

Zuerst die Bananencreme zubereiten: Die Bananen mit der Gabel zerdrücken oder pürieren und mit Quark, Joghurt und Zucker verrühren. Die Pecan-Nüsse hacken und darüber streuen.
Die Bananen für den Teig pürieren. Mehl, Backpulver, Salz und Zucker mischen und mit Eiern, Buttermilch, Vollmilch und flüssiger Butter zu einem glatten Teig rühren. Die pürierten Bananen daruntermischen.
In einer kleinen, möglichst beschichteten Pfanne wenig Fett erhitzen. 1 bis 2 EL Teig in die Pfanne gießen und zu einem kleinen runden Fladen verstreichen. Die Pancakes sollen klein sein – wenn die Pfanne sehr groß ist, passen 2 oder 3 Küchlein auf einmal hinein.
Von beiden Seiten zart goldbraun backen. Im 70° heißen Backofen warm halten, bis alle Pancakes fertig sind.
Mit der Bananencreme servieren.

Der dicke, fette Pfannkuchen

Apfel-Speck-Pfannkuchen aus dem Alten Land

✶

Holländischer Speckpfannkuchen mit Sirup

✶

Eyerkuchen aus der Goethe-Zeit

✶

Apfelpfannkuchen

✶

Apfelpfannkuchen mit Vollkornmehl

✶

Hefepfannkuchen

✶

Quarkpfannkuchen mit Zucker und Zimt

✶

Hänsel-und-Gretel-Pfannkuchen

Erinnern Sie sich noch an das Märchen vom dicken, fetten Pfannkuchen? Drei alte Frauen taten sich zusammen: die eine gab Eier, die zweite Milch, und die dritte steuerte Mehl und Butter bei. Zusammen machten sie einen wunderschönen dicken, fetten Pfannkuchen. Aber als der fertig war, sprang er aus der Pfanne und lief *kantapper kantapper* in den Wald hinein. Alle Tiere des Waldes waren scharf auf den dicken, fetten Pfannkuchen. Als erstes rief ein Häschen ihm zu: »Bleib stehen, ich will dich fressen!«

Doch der Pfannkuchen verspottete es und sagte: »Ich bin drei alten Weibern entkommen und soll mich von dir, Häschen, fangen lassen?«

Auch ein Wolf, eine Kuh und eine Wildsau hatten es auf den dicken, fetten Pfannkuchen abgesehen. Aber er machte sich nur über sie lustig und lief *kantapper kantapper* immer weiter und noch tiefer in den Wald hinein – bis er auf drei hungrige Waisenkinder traf. Denen sprang der dicke, fette Pfannkuchen freiwillig in den Korb und ließ sich von ihnen genüßlich verspeisen.

Die Pfannkuchen auf den folgenden Seiten könnten Abkömmlinge des märchenhaften Pfannkuchens sein. Es sind weder zarte, elegante Gebilde wie die Palatschinken der K. u. k.-Küche, noch fein-luftige wie die Schaumomeletts, sondern üppige, deftige Mahlzeiten. Solche Pfannkuchen findet man um so eher, je weiter man nach Norden kommt.

Das Märchen sagt nichts darüber aus, ob der Pfannkuchen süß oder salzig war. Vielleicht war er eine Mischung aus beidem, wie einige der nachfolgenden. Sie alle gehören zur Gilde der tröstlichen Winter-Pfannkuchen.

Apfel-Speck-Pfannkuchen aus dem Alten Land

Ein üppiger Pfannkuchen für drei bis vier Personen, der am besten gelingt, wenn er in der Pfanne angebraten und im Ofen fertiggebacken wird.

5 Eier · 200 g Sauerrahm · ½ TL Salz
1 EL Zucker · 100 g Mehl · 2 mittelgroße säuerliche Äpfel
100 g Frühstücksspeck in dünnen Scheiben
Butterschmalz zum Braten

Eier mit Sauerrahm, Salz und Zucker verquirlen. Das Mehl darüber sieben und unterheben.
Die Äpfel schälen, entkernen und in dünne Spalten schneiden. In einer großen ofenfesten Pfanne Butterschmalz erhitzen und den Speck darin anbraten. Nach wenigen Minuten die Äpfel dazugeben und kurz andünsten.
Die Eiermasse darüber gießen und stocken lassen. Sobald die Unterseite leicht gebräunt ist, entweder mit Hilfe eines großen Tellers wenden und von der anderen Seite backen oder in den 200° heißen Backofen schieben und dort fertigbacken.
Dazu sollten Sie einen großen bunten Salat vorbereiten – vielleicht nach norddeutscher Art süß-sauer angemacht.

Holländischer Speckpfannkuchen mit Sirup

Die ungewöhnliche Zusammenstellung von salzigem Speck und süßem Sirup ist typisch für die flämische Küche.

3 Eier · 250 g Mehl · ½ TL Salz
300 ml lauwarme Milch · 40 g flüssige Butter
200 g Frühstücksspeck in dünnen Scheiben
Butterschmalz zum Braten

AUSSERDEM:
100 ml Ahornsirup oder Apfeldicksaft

Die Eier trennen. Mehl, Salz, Milch, zerlassene Butter und Eigelb mit dem Schneebesen glattrühren. Den Speck in kleine Streifen schneiden und in den Teig mischen. Das Eiweiß mit einer Prise Salz zu steifem Schnee schlagen und unter den Teig heben.

In einer großen beschichteten Pfanne etwas Butterschmalz erhitzen und den Teig einfüllen. Sobald die Unterseite angenehm gebräunt ist, mit Hilfe eines Tellers wenden und auf der anderen Seite fertigbacken.

Den Pfannkuchen vierteln, die Stücke auf vorgewärmte Teller legen und mit etwas Sirup beträufeln.

Eyerkuchen aus der Goethe-Zeit

»Wie ists ihnen gestern ergangen? Mir hat Philipp noch einen Eyerkuchen gebacken. Zu Tisch komm ich wohl liebstes.«

(Goethe in einem Brief an Charlotte von Stein,
Weimar 1777.)

1 Zwiebel · ½ Bund Schnittlauch
4 altbackene Semmeln (Brötchen) · 3 EL Butter
7 Eier · ¼ l Milch · 2 EL Mehl
Salz · Pfeffer · Muskat
100 g geräucherter durchwachsener Speck

Zwiebel und Schnittlauch fein hacken. Die Semmeln in hauchdünne Scheibchen schneiden. Die Butter zerlassen, Zwiebel, Schnittlauch und Semmeln darin etwa 10 Minuten bei schwacher Hitze braten.
In einer größeren Schüssel Eier, Milch und Mehl verquirlen. Mit Salz, Pfeffer und Muskat würzen. Den Pfanneninhalt unterrühren.
Den Speck in feine Würfelchen schneiden. Ein Viertel davon in einer Pfanne zerlassen und ein Viertel des Teigs einfüllen. Bei milder Hitze von beiden Seiten braten. Auf diese Weise nacheinander vier *Eyerkuchen* backen.

Gut dazu: Was der Geheimrat auch schon gerne trank – Wein jeglicher Couleur!

Apfelpfannkuchen

(siehe Foto Seite 35)

120 g Mehl · 1 Prise Salz · 2 EL Zucker
200 ml Milch · 4 Eier
4 kleinere, aromatische Äpfel (z. B. Cox Orange)
4 EL Zucker · ½ TL gemahlener Zimt
Butter zum Braten

Mehl, Salz und Zucker mit Milch und Eiern zu einem glatten Teig verrühren und etwa 30 Minuten zum Quellen stehen lassen.
Inzwischen die Äpfel schälen und die Kerngehäuse ausstechen. Die Äpfel quer in etwa 1 cm dicke Scheiben schneiden.
In einer mittelgroßen Pfanne 1 EL Butter zerlassen und die Scheiben von 1 Apfel darin anbraten. Mit 1 EL Zucker und 1 Msp Zimt bestreuen und leicht karamelisieren lassen. Ein Viertel des Teigs darüber gießen und einen Pfannkuchen backen. Wenn dieser an der Unterseite schön goldbraun und oben nicht mehr flüssig ist, mit Hilfe eines großen Tellers wenden und von der anderen Seite fertigbacken.
Den fertigen Pfannkuchen warm stellen und drei weitere Exemplare backen.

Tipp: Wenn Sie gleichzeitig mit zwei Pfannen arbeiten, sind Sie entsprechend schneller fertig. Sofern Sie zwei sehr große Pfannen haben, können Sie aus den Zutaten auch nur 2 Pfannkuchen backen, die Sie anschließend halbieren. Sie brauchen dann keine Pfannkuchen warm zu halten, sondern können sie frisch aus der Pfanne servieren.

Apfelpfannkuchen mit Vollkornmehl

(siehe Foto Seite 71)

Wenn es Sie nach etwas ganz Vollwertigem gelüstet: hier eine rustikal-vollkörnige Variante des Apfelpfannkuchens.

*150 g frisch gemahlenes Weizenmehl**
50 g Haferflocken · 2 EL Sojamehl · ½ TL gemahlener Anis
2 EL Weizenkeime · 1 Msp Vanillemark · 4 Eier
2 EL Honig · 375 ml Milch · 700 g säuerliche Äpfel · 1 Prise Salz
Butter zum Braten

Weizenmehl mit Haferflocken, Sojamehl, Anis, Weizenkeimen und Vanillemark vermischen. Die Eier trennen. Eigelbe und Honig mit der Mehlmischung verrühren, nach und nach die Milch zugießen. Zu einem glatten Teig verrühren und etwa 30 Minuten zum Ausquellen stehen lassen.
Die Äpfel waschen, trockenreiben, vierteln, entkernen und in Scheiben schneiden. Eiweiß mit einer Prise Salz steif schlagen und behutsam unter den Teig heben.
In einer – möglichst beschichteten – Pfanne etwas Butter zerlassen. Ein Viertel der Äpfel in der Pfanne verteilen, ein Viertel des Teigs darüber gießen und glattstreichen.
Bei geschlossenem Deckel etwa 10 Minuten backen. Mit Hilfe eines Tellers wenden und von der anderen Seite fertigbacken. Warm stellen und nacheinander drei weitere Pfannkuchen herstellen.

Tipp: Schneller geht es, wenn Sie mit zwei Pfannen gleichzeitig arbeiten.

---

* Wenn Sie selbst keine Getreidemühle haben: Im Bioladen oder Reformhaus mahlt man Ihnen gerne das Mehl frisch.

Hefepfannkuchen

Besonders locker und flauschig werden Pfannkuchen aus Hefeteig.

200 g Mehl · 1 TL Trockenhefe · 1 EL Zucker
1 Prise Salz · 250 ml lauwarme Milch
2 EL Rosinen · 2 Eier
Butterschmalz zum Braten

Mehl, Hefe, Zucker und Salz mischen und mit Milch, Rosinen und Eiern gründlich verrühren. An einem warmen Ort zugedeckt eine halbe Stunde gehen lassen.
In einer Pfanne Butterschmalz erhitzen. Ein Viertel des Teigs einfüllen. Wenn der Pfannkuchen an der Unterseite schon goldgelb ist, wenden und fertigbacken. Auf diese Weise vier Pfannkuchen backen.
Dazu schmeckt Kirsch- oder Pflaumenkompott.

Schaumomelett mit Himbeeren (Rezept Seite 16),
Apfelpfannkuchen (Rezept Seite 32)

Quarkpfannkuchen mit Zucker und Zimt

FÜR DIE PFANNKUCHEN:

4 Eier · 100 g Zucker · 500 g sehr trockener Magerquark
200 ml Sauerrahm · 3 EL Rum · 1 Prise Salz · 150 g Mehl
Butterschmalz zum Braten

AUSSERDEM:

Zucker und Zimt zum Bestreuen

Die Eier trennen. Eigelb mit der Hälfte des Zuckers schön schaumig rühren. Quark, Sauerrahm und Rum hineinrühren. Das Eiweiß mit dem Rest des Zuckers und Salz zu festem Schnee schlagen und auf die Eigelbcreme häufen. Obenauf das Mehl sieben. Behutsam mischen.

In einer beschichteten Pfanne etwas Butterschmalz erhitzen und die Hälfte der Masse in die Pfanne füllen. Wenn die Unterseite zart gebräunt und die Oberseite nicht mehr flüssig ist, den Pfannkuchen mit Hilfe eines Tellers wenden und von der anderen Seite backen. Den zweiten Pfannkuchen ebenso herstellen.

Die Pfannkuchen zur Mitte hin übereinanderklappen und halbieren. Die 4 Pfannkuchenhälften auf vorgewärmte Teller verteilen und mit Zucker und Zimt bestreuen.

Hänsel-und-Gretel-Pfannkuchen

Wenn Hänsel und Gretel sich heute im Wald verliefen und Hunger bekämen, wäre ihnen dieser üppige Pfannkuchen mit der Nuss-Nougat-Sahne womöglich noch lieber als ein Lebkuchenhaus. Aber Hänsel und Gretel laufen erst gar nicht in den Wald, sondern backen sich ihren dicken, fetten Pfannkuchen gleich selber.

FÜR DIE PFANNKUCHEN:

75 g Mehl · 2 EL Zucker · 1 Prise Salz
1 TL abgeriebene unbehandelte Zitronenschale
$\frac{1}{8}$ l lauwarme Milch · 4 Eier · Butterschmalz zum Braten

FÜR DIE NOUGAT-SAHNE:

200 g Nuss-Nougat-Creme · 200 g Schlagsahne

AUSSERDEM:

bunte Zuckerstreusel zum Dekorieren

Mehl mit Zucker, Salz sowie Zitronenschale vermischen und mit Milch und Eiern gut verrühren (am besten mit dem Handrührer). Zum Quellen stehen lassen.
Inzwischen in einer Schüssel die Nuss-Nougat-Creme mit 3 EL Sahne geschmeidig rühren. Die restliche Sahne schön steif schlagen. Erst einen Löffel voll, dann den Rest der Sahne unter die Masse ziehen.
Den Pfannkuchenteig noch einmal durchrühren. In einer beschichteten Pfanne wenig Butterschmalz zerlassen und die Hälfte des Teigs einfüllen. Sobald die Unterseite leicht gebräunt und die Oberseite nicht mehr flüssig ist, wenden und fertigbacken. Den zweiten Pfannkuchen ebenso backen.
Die Pfannkuchen mit der Nougat-Sahne bestreichen und halbmondförmig übereinanderklappen. Halbieren und auf 4 Teller verteilen. Nach Belieben mit bunten Zuckerkügelchen bestreuen.

Pfannkuchensuppen

Schwäbische Flädlesuppe

✶

Österreichische Frittatensuppe

✶

Gemüsesuppe mit Kerbelpfannkuchen

✶

Schnelle Zucchini-Karotten-Suppe
mit Käsepfannkuchen

✶

Thailändische Omelettsuppe

✶

Entensuppe mit Ingweromelett

✶

Hühnersuppe mit Zitronengras
und Kokospfannkuchen

✶

Tomatenessenz mit Basilikumpfannküchlein

✶

Klare Linsensuppe mit Korianderpfannkuchen

✶

Roter Borschtsch mit Dillpfannkuchen

✶

Kirschkaltschale mit Vanillepfannkuchen

Pfannkuchensuppen wie die schwäbische Flädle- oder die österreichische Frittatensuppe gehören zur traditionellen bürgerlichen Küche. Die Bezeichnungen mögen variieren, gemeint ist immer das Gleiche: eine klare Fleischbrühe, in die schmale Streifen von Pfannkuchen eingelegt werden. Unterschiedlich ist höchstens die Qualität der Brühe, von der einfachen Knochenbrühe bis zur reichhaltigen Fleischsuppe, und was das Grünzeug obenauf angeht: die einen nehmen Schnittlauch, andere bevorzugen Petersilie.

Dabei eröffnet das Prinzip »klare Suppe plus Pfannkuchen« vielfältigste Möglichkeiten für Pfannkuchensuppen der besonderen Art.

Schwäbische Flädlesuppe

Für die Suppe:

500 g Rinderknochen (darunter auch 1 oder 2 Markknochen)
1 Kalbsknochen · 1 ungeschälte Zwiebel
1 Bund Suppengrün · 5 Pfefferkörner · Salz

Für die Flädle:

¼ l lauwarme Milch · 200 g Mehl · 3 Eier · Salz
Butterschmalz zum Braten

Außerdem:

1 Bund Petersilie oder Schnittlauch

Die Knochen unter fließendem Wasser kalt abspülen und in 2 l kaltem Wasser aufsetzen. Die Zwiebel quer halbieren und mit den Schnittflächen direkt auf der heißen Herdplatte oder in einer Pfanne ohne Fett bräunen. Das Suppengrün waschen und zusammen mit den gerösteten Zwiebeln und den Pfefferkörnern in den Topf geben. 2 Stunden im offenen Topf köcheln lassen.
Inzwischen Milch, Mehl, Eier und Salz verrühren und zum Quellen stehen lassen.
30 Minuten vor Ende der Kochzeit in einer beschichteten Pfanne wenig Butterschmalz erhitzen, einen kleinen Schöpflöffel Teig einfüllen und durch Schwenken der Pfanne verteilen. Auf beiden Seiten goldgelb backen. Nacheinander dünne Pfannkuchen backen, bis der Teig verbraucht ist.
Die Brühe durch ein Sieb gießen und mit Salz abschmecken. Die Petersilie hacken, den Schnittlauch in feine Röllchen schneiden. Die Fleischbrühe zum Kochen bringen. Die Pfannkuchen aufrollen und in dünne Streifen schneiden. Diese in Teller legen und mit der heißen Fleischbrühe übergießen. Mit Petersilie oder Schnittlauchröllchen bestreuen.

Österreichische Frittatensuppe

FÜR DIE TAFELSPITZBRÜHE:

500 g Ochsenfleisch aus der Hüfte · 2 Markknochen
1 ungeschälte Zwiebel · 3 Gewürznelken
1 Stange Lauch · 2 Karotten · 1 Stück Sellerie
1 Petersilienwurzel · 5 Pfefferkörner

FÜR DIE FRITTATEN:

75 g Mehl · Salz · 1 Ei · ⅛ l lauwarme Milch
Butterschmalz zum Braten

AUSSERDEM:

1 Bund Schnittlauch

Fleisch und Knochen kalt abspülen und mit 2 l kaltem Wasser aufsetzen. Die Zwiebel quer halbieren, mit den Schnittflächen direkt auf der heißen Herdplatte oder in einer Pfanne ohne Fett bräunen. Die Gewürznelken in die Zwiebel stecken.
Die Lauchstange längs aufschneiden und gründlich waschen. Karotten, Sellerie und Petersilienwurzel schälen. Das Gemüse zusammen mit den gerösteten Zwiebeln und den Pfefferkörnern in den Topf geben. 2 Stunden im offenen Topf köcheln lassen.
Inzwischen aus Mehl, Salz, Ei und Milch einen flüssigen Teig rühren. Zum Quellen stehen lassen. Den Schnittlauch in feine Röllchen schneiden.
½ Stunde vor Ende der Kochzeit in einer beschichteten Pfanne wenig Butterschmalz erhitzen. Mit einem kleinen Schöpflöffel etwas Teig einfüllen und durch Schwenken der Pfanne verteilen. Aus dem Teig lauter hauchdünne Frittaten backen.
Das Fleisch in feine Streifen, die Karotten in Stückchen schneiden. Die Frittaten aufrollen, in dünne Streifen schneiden und in Suppenteller verteilen. Mit der heißen Suppe auffüllen. Mit den Schnittlauchröllchen bestreuen.

Gemüsesuppe mit Kerbelpfannkuchen

FÜR DIE GEMÜSESUPPE:

4 Karotten · 1 Stange Lauch · $^1/_4$ Knollensellerie oder 2 Selleriestangen
1 Petersilienwurzel · 1 Lorbeerblatt
1 Zwiebel mit 2 Nelken bespickt · wenn vorhanden:
etwas Wirsing oder Weißkohl
2 EL Olivenöl oder neutrales Öl · Salz

FÜR DIE KRÄUTERPFANNKUCHEN:

2 gehäufte EL Mehl · 100 ml Milch oder Sahne
2 Eier · Salz · 1 Handvoll gehackter Kerbel (oder andere Kräuter nach Wahl) · Butterschmalz oder Öl zum Braten

Das Gemüse waschen, putzen und grob zerkleinern, 2 Karotten nur schälen und ansonsten ganz lassen. In einem Suppentopf das Öl erhitzen und das Gemüse, mit Ausnahme der unzerkleinerten Karotten, darin anbraten. Mit 1 $^1/_2$ l Wasser aufgießen und etwa $^3/_4$ Stunden lang köcheln lassen. Etwa 15 Minuten vor Ende der Kochzeit die übrigen Karotten zufügen.
Inzwischen die Pfannkuchen zubereiten: Mehl, Milch oder Sahne, Eier und Salz gut miteinander verrühren und 15 Minuten stehen lassen. Die Kräuter waschen, einige Blättchen zum Garnieren zurückbehalten, die übrigen hacken und zum Pfannkuchenteig geben. In einer beschichteten Pfanne wenig Fett erhitzen und nacheinander etwa 4 dünne Pfannkuchen backen.
Die Gemüsebrühe durch ein Sieb gießen und mit Salz abschmecken. Die ganzen Karotten in dünne Scheiben schneiden. Die Pfannkuchen aufrollen und in dünne Streifen schneiden. Pfannkuchenstreifen und Karottenscheiben auf 4 Suppenteller verteilen, mit der Gemüsebrühe aufgießen und mit den verbliebenen Kerbelblättchen dekorieren.

Schnelle Zucchini-Karotten-Suppe mit Käsepfannkuchen

Gemüsebrühe aus dem Glas oder auch Gemüsebrühwürfel (Reformhaus oder Bioladen) bilden die Grundlage für diese schnelle Suppe. Karotten und Zucchini werden in dünne Scheiben geschnitten und sind deshalb in wenigen Minuten gar.

FÜR DIE PFANNKUCHEN:

3 Eier · 50 g Mehl · 100 ml kohlensäurehaltiges Mineralwasser
50 g geriebener Parmesan
Butterschmalz oder Öl zum Braten

FÜR DIE SUPPE:

1 l fertige Gemüsebrühe · 200 g Karotten · 200 g Zucchini

Eier, Mehl, Wasser und Parmesan gut miteinander verrühren und stehen lassen.

Inzwischen die Karotten schälen, die Zucchini waschen und von von den Enden befreien. Beides in dünne Scheiben schneiden. Die Brühe zum Kochen bringen und das Gemüse bei schwacher Hitze in wenigen Minuten garen.

Während das Gemüse kocht, wenig Fett in einer beschichteten Pfanne erhitzen und die Häfte des Teigs einfüllen. Wenn die Unterseite zart goldbraun ist, wenden und fertigbacken. Den zweiten Pfannkuchen ebenso backen.

Inzwischen ist die Suppe längst fertig. Also schnell die Pfannkuchen aufrollen, in dünne Streifen schneiden und in Suppenteller legen. Mit der Gemüsesuppe auffüllen.

Thailändische Omelettsuppe

Zart-milde Omelettstreifen in einer Suppe voll exotischer Aromen: perfekte Harmonie.

FÜR DIE SUPPE:

500 g mageres Rindfleisch (Schulter oder Hüfte)
2 Stengel Zitronengras · 2 Knoblauchzehen
1 rote und 1 grüne Chilischote (wer's verkraftet, kann auch die doppelte Menge nehmen)
1 Stückchen Ingwerwurzel · 3 Kaffirblätter (von der Kaffirlimette, aus dem Asienladen)
1 Chinakohl von ca. 400 g · Fischsauce · Salz · Pfeffer

FÜR DAS OMELETT:

3 Eier · Salz · Öl zum Braten

Das Fleisch waschen, trockentupfen und in schmale Streifen von etwa 5 cm Länge schneiden. Mit 1 1/2 l kaltem Wasser aufsetzen. Die Zitronengrasstengel waschen und mehrmals knicken, den Knoblauch schälen und in Scheiben schneiden, die Chilischoten waschen, längs aufschneiden, entkernen und in feine Streifen schneiden, den Ingwer schälen und vierteln, die Kaffirblätter waschen.
Alles mit in den Topf füllen. Sobald die Brühe kocht, die Hitze zurückschalten und die Suppe 1 1/2 Stunden leise köcheln lassen. Den Chinakohl waschen und in feine Streifen schneiden.
Inzwischen das Omelett herstellen: Die Eier mit wenig Salz verquirlen und in einer beschichteten Pfanne mit wenig Öl von beiden Seiten goldgelb backen.
5 Minuten vor Ende der Kochzeit den Chinakohl in die Suppe rühren. Die Suppe mit der Fischsauce und, wenn nötig, auch mit Salz und Pfeffer abschmecken.
Das Omelett aufrollen, in dünne Streifen schneiden und in die Suppe geben.

Entensuppe mit Ingweromelett

Knoblauch, Ingwer, Chilischoten – ein Süppchen, das ordentlich einheizt!

FÜR DIE ENTE:

1 Entenbrust · 2 Knoblauchzehen
1 Stück Ingwerwurzel von etwa 3 cm · 2 EL Sojasauce
2 EL Reiswein · 2 EL Öl zum Braten

FÜR DIE SUPPE:

1 l Hühnerbrühe · 2 Knoblauchzehen · 2 rote Chilischoten
4 EL Fischsauce · 1 Bund Koriander

FÜR DAS OMELETT:

1 Stück Ingwer · 2 Eier · Salz
Öl zum Braten

Die Entenbrust waschen und trockentupfen. Knoblauch sehr fein hacken, Ingwer schälen und reiben. Aus Knoblauch, Ingwer, Sojasauce und Reiswein eine Marinade rühren und die Entenbrust darin ziehen lassen.
Das Entenfleisch aus der Marinade nehmen und gut abgetropft im Öl von beiden Seiten etwa 4 Minuten braten. Etwas abkühlen lassen.
Inzwischen das Omelett herstellen: Den Ingwer schälen und fein reiben. Die Eier mit dem Ingwer verquirlen und mit Salz abschmecken. In einer beschichteten Pfanne wenig Öl erhitzen, die Omelettmasse einfüllen und stocken lassen. Von beiden Seiten schön goldgelb backen.
Das Entenfleisch in ganz feine Streifen schneiden. Das Omelett aufrollen und in dünne Streifen schneiden. Das Korianderkraut fein hacken.
Omelett- und Entenstreifen in Suppenteller legen, mit Suppe auffüllen und mit Koriander bestreuen.

Hühnersuppe mit Zitronengras und Kokospfannkuchen

Die Suppe ist sehr mild. Wer es gern scharf hat, kocht einfach ein oder zwei Chilischoten mit.

FÜR DIE SUPPE:

1 Suppenhuhn · 2–3 Stangen Sellerie · 1 Zwiebel
1 Stengel Zitronengras · 1 Büschel Koriander mit Wurzel
2 Karotten · 1 Chilischote
100 g frische oder tiefgekühlte Erbsen
Salz · 2 EL Reiswein

FÜR DIE PFANNKUCHEN:

2 Eier · 2 EL Reismehl · 100 ml Kokosmilch
Öl zum Braten

Das Huhn und die Selleriestangen waschen, die Zwiebel schälen und in einem großen Topf mit 1 1/2 l Wasser zum Kochen bringen. Dabei entstehenden Schaum abschöpfen. Das Zitronengras waschen, mehrfach abknicken und in die Brühe legen. Etwa 1 Stunde im offenen Topf kochen.
Inzwischen für die Pfannkuchen Eier, Reismehl und Kokosmilch gut verrühren und 15 Minuten stehen lassen. In einer beschichteten Pfanne wenig Öl erhitzen und nacheinander dünne Pfannkuchen backen.
Den Koriander waschen. Die Blättchen zur Seite legen, die Stengel und die Wurzel sehr fein hacken. Das Huhn enthäuten und das Fleisch von den Knochen lösen. Das Hähnchenfleisch in feine Streifen schneiden. Die Brühe durch ein Sieb gießen.
Die Karotten schälen und in dünne Scheiben schneiden, die Chilischote waschen, der Länge nach halbieren, entkernen und in ganz feine Streifen schneiden. Karotten, Erbsen und Chili in der Brühe garen, die Suppe mit Salz abschmecken.

Korianderstengel und -wurzel sowie das Hühnerfleisch einige Minuten in der Brühe ziehen lassen. Die Suppe mit dem Reiswein abschmecken.
Die Pfannkuchen zusammenrollen und in dünne Streifen schneiden. Die Pfannkuchensteifen in vier Suppenteller legen, die Suppe darüber verteilen. Mit Korianderblättchen garnieren.

Tomatenessenz mit Basilikum-Pfannküchlein

Eine feine, leichte Suppe, die im Prinzip ganz einfach ist. Der einzige Aufwand: Um den frischen Tomaten ihren Saft zu entlocken, müssen Sie diese schon acht bis zwölf Stunden vor der eigentlichen Zubereitung pürieren und passieren.
Der Geschmack der Suppe hängt ganz von der Qualität der Tomaten ab. Sie brauchen vollreife, aromatische Früchte, wie Sie sie im Spätsommer bekommen.

FÜR DIE SUPPE:
2 kg Tomaten · Salz · etwas Zitronensaft
2 EL Madeira oder Sherry
einige Basilikumblätter zum Garnieren

FÜR DIE PFANNKÜCHLEIN:
50 g Mehl (3 gehäufte EL) · Salz · 1 Ei · 1/8 l Milch
1/2 Bund gehacktes frisches Basilikum
Olivenöl oder Butterschmalz zum Braten

Die gewaschenen Tomaten halbieren, von allen grünen Stellen befreien und im Mixer pürieren. Ein großes Sieb über einen tiefen Topf hängen und mit einem Mulltuch auslegen. Die zerkleinerten Tomaten hineinfüllen. Nach 8 bis 12 Stunden haben Sie genügend klaren Saft, um mit der Suppe zu beginnen.
Zuvor machen Sie die Pfannküchlein: Dafür alle Zutaten gut miteinander verrühren und 15 Minuten stehen lassen. In einer beschichteten Pfanne etwas Fett erhitzen. Wenig Teig einfüllen und die Pfanne so drehen, dass sich der Teig verteilt. Nacheinander lauter hauchdünne Pfannküchlein backen.
Den Tomatensaft erwärmen, mit Salz, etwas Zitronensaft und Sherry abschmecken. Die Pfannküchlein zusammenrollen, in dünne Streifen schneiden und in die Tomatensuppe einlegen. Mit fein geschnittenen Basilikumblättchen dekorieren.

Klare Linsensuppe mit Korianderpfannkuchen

Geht ganz schnell und leicht. Allerdings sollten Sie wirklich die kleinen schwarzgrünen Linsen nehmen, da sowohl die üblichen braunen Tellerlinsen wie auch die geschälten roten Linsen in Kombination mit den Pfannkuchen zu mehlig sind, was dem Gericht viel von seinem Charme nehmen würde.

FÜR DIE PFANNKUCHEN:

2 Eier · 2 EL Mehl · 100 ml Milch oder Schlagsahne
1 TL gemahlener Koriander · Salz · abgeriebene Schale von ½ Zitrone
Öl oder Butterschmalz zum Braten

FÜR DIE SUPPE:

100 g kleine französische Berglinsen (Puy-Linsen)
Salz · 1 l Gemüsebrühe · 1 Knoblauchzehe
Saft von ½ Zitrone · ½ Bund Koriandergrün

Alle Zutaten für die Pfannkuchen gut miteinander verrühren und 20 Minuten stehen lassen.
Die Linsen in Salzwasser 15 bis 20 Minuten gar kochen, abgießen und kalt abschrecken. Während die Linsen vor sich hin köcheln, das Koriandergrün waschen und hacken. In einer beschichteten Pfanne wenig Öl oder Butterschmalz zerlassen und aus dem Teig etwa vier dünne Pfannkuchen backen.
1 l Gemüsebrühe zum Kochen bringen, den Knoblauch schälen und in dünne Scheiben schneiden. Knoblauch und Zitronensaft kurz mitkochen, die gegarten Linsen in die heiße Brühe geben.
Die Pfannkuchen aufrollen, in dünne Streifen schneiden und in Suppenteller verteilen. Mit der Linsensuppe aufgießen und mit gehacktem Koriander bestreuen.

Roter Borschtsch mit Dillpfannkuchen

Ein üppiger Suppentopf, bei dem die Dillpfannkuchenröllchen aus Hefeteig die Krönung sind. Ein etwas aufwendigeres Rezept, das für Gäste geeignet ist.

Für 6 Personen:

FÜR DEN BORSCHTSCH:

1 kg Rinderbeinscheibe (mit Knochen) · 2 Karotten
1 Stange Lauch · 2 Zwiebeln · 1/4 Sellerieknolle
1 Petersilienwurzel · 1 EL Pfefferkörner · 1 Lorbeerblatt
400 g rote Bete · 2 EL Butter · Salz · Essig
500 g Kartoffeln · 400 g Weißkohl · Salz · 200 g Sauerrahm

FÜR DIE PFANNKUCHEN:

200 g Mehl · 1 TL Trockenhefe · 250 ml Milch
1 Prise Zucker · 1 Prise Salz
2 Eier · 1/2 Bund gehackter Dill

ZUM BESTREUEN:

1/2 Bund gehackter Dill

Für den Borschtsch Fleisch, Karotten, Lauch, Zwiebeln, Sellerie und Petersilienwurzel mit 2 l kaltem Wasser aufsetzen und erhitzen. Pfefferkörner und Lorbeerblatt zufügen. Kurz vor dem Kochen bildet sich Schaum, der mehrmals abgeschöpft werden muß. Wenn die Suppe kocht, Hitze reduzieren und die Suppe mindestens 2 Stunden köcheln lassen.
Inzwischen für die Pfannkuchen das Mehl in eine Schüssel füllen, in die Mitte eine Vertiefung drücken. Da hinein die Hefe schütten und mit einigen Löffeln lauwarmer Milch und einer Prise Zucker von der Mitte her einen Teil des Mehls zu Brei rühren. Die Schüssel zugedeckt an einen warmen Platz stellen, damit der Hefeteig aufgehen kann.

Während der Teig geht und die Suppe kocht, die roten Bete zubereiten: Schälen, in kleine Streifen schneiden und in 2 EL Butter andünsten. Mit etwas Brühe ablöschen, mit Salz und einem Schuss Essig würzen und gar kochen. Die Kartoffeln schälen und würfeln, den Kohl in feine Streifen hobeln. Kartoffeln und Kohl etwa $^1/_2$ Stunde vor Ende der Kochzeit in die Suppe geben.
Für die Pfannkuchen die restlichen Zutaten mit dem Vorteig gut verrühren. Noch einmal zugedeckt 20 Minuten gehen lassen.
Lorbeerblatt und Suppengemüse aus der Suppe entfernen. Das Fleisch herausnehmen, vom Knochen lösen und in nette Häppchengröße zurechtschneiden. Fleischstückchen und rote Bete in die Suppe geben.
Den gehackten Dill in den Pfannkuchenteig mischen und in einer beschichteten Pfanne nacheinander zwei Pfannkuchen backen. Die fertigen Pfannkuchen zusammenrollen und in Streifen schneiden.
Die fertige Suppe in eine Terrine füllen, mit den Pfannkuchensteifen, der sauren Sahne und dem restlichen gehackten Dill anrichten.

Kirschkaltschale mit Vanillepfannkuchen

Vor allem im Norden beliebt: süße kalte Suppen. Hier eine Variante mit Pfannkuchen.

FÜR DIE KALTSCHALE:

500 g Sauerkirschen · 2 Nelken · Schale von $^1/_2$ Zitrone
150 g Zucker · 1 EL Speisestärke

FÜR DEN PFANNKUCHEN:

2 Eier · 200 g Sauerrahm
50 g zerbröselte Mandelmakrönchen(Amarettini)
2 EL Vanillezucker
Butterschmalz zum Braten

Die Kirschen waschen und auf Wunsch entsteinen (ist bei Sauerkirschen leider eine ziemliche Kleckerei). $^3/_4$ l Wasser mit den Nelken und der abgeriebenen Zitronenschale aufsetzen und zum Kochen bringen. Die Kirschen zufügen, den Zucker einrühren und etwa 10 Minuten kochen.
Die Speisestärke mit 2 Löffeln kaltem Wasser anrühren und in die heiße Suppe einrühren. Noch einmal kurz aufkochen, dann abkühlen lassen.
Eier, Sauerrahm, Makronenbrösel und Vanillezucker gut verrühren und in Butterschmalz einen lockeren Pfannkuchen backen. Den Pfannkuchen zusammenrollen und in dünne Sreifen schneiden.
Die Nelken vor dem Servieren aus der Suppe entfernen. Die Pfannkuchenstreifen in Suppenschalen legen und mit der Kirschsuppe übergießen.

Geschichtete Pancakes mit Ahornsirup (Rezept Seite 20)

Omeletts, Crêpes und Pfannkuchen mit Fisch und Meeresfrüchten

Trüffelomelett mit Hummer

✶

Dicke Pfannkuchen mit Matjes

✶

Reispfannkuchen mit Kokosgarnelen

✶

Crêpes mit Stockfischpüree

✶

Krabbenomeletts

✶

Pfannkuchen mit Räucherfisch

✶

Pfannkuchen mit Tintenfisch

✶

Kalte Crêpes-Röllchen mit Thunfischsauce

✶

Kalte Crêpes-Röllchen mit Lachs

Zarter Eierteig mit einer Füllung aus frischem Fisch oder feinen Meeresfrüchten – das ergibt in aller Regel eine harmonische Kombination, die in kleinen Portionen eine ideale Vorspeise, in größeren Mengen ein leichtes Hauptgericht darstellt. Die beiden letzten – kalten – Gerichte sind dem Bereich Vorspeisen oder kaltes Buffet zuzuordnen.
Da der Eigengeschmack der Zutaten weder durch scharfes Braten, noch durch geschmacksintensive Saucen überdeckt wird, ist die Qualität, insbesondere die Frische der Zutaten, für ein gutes Ergebnis unabdingbar – das ist sie zwar ohnehin, aber hier ganz besonders.

Trüffelomelett mit Hummer

Dieses exquisite Omelett geht ganz schnell. Wahrer Luxus ist eben einfach!

FÜR DIE FÜLLUNG:

2 EL Butter · 1 gekochter Hummerschwanz in Scheiben
(ersatzweise 250 g gekochtes Krebsfleisch)
2 EL Zitronensaft · 1 EL Cognac · 1 EL Crème fraîche
Salz · weißer Pfeffer

FÜR DIE OMELETTS:

8 Eier · 2 EL Sahne · 2 EL kohlensäurehaltiges Mineralwasser
Butter zum Braten

AUSSERDEM:

1 frische weiße Trüffel

Die Butter in einer Kasserolle erwärmen, die Hummerscheiben darin anbraten. Zitronensaft, Cognac und Crème fraîche unterrühren, salzen, pfeffern.
Die Eier mit Sahne und Mineralwasser verquirlen und leicht salzen. Wenig Butter in einer beschichteten Pfanne erhitzen und nacheinander 2 dicke Omeletts backen.
Die Omeletts halbieren. Auf vorgewärmte Teller jeweils ein halbes Omelett legen, darauf die Hummerstückchen mit der Sauce verteilen. Die Trüffel darüber hobeln.

Apropos Wein: Als passendes Getränk bietet sich Champagner oder guter Sekt an. Wer's lieber prickelfrei hat, greift zu einem Chablis.

Dicke Pfannkuchen mit Matjes

Bodenständig, doch raffiniert und sehr köstlich. Anders als bei den bekannten Matjes »Hausfrauenart« sind Äpfel und Zwiebeln hier dick eingekocht.

FÜR DIE PFANNKUCHEN:

4 Eier · 100 g Mehl · 150 ml Milch · 1 gestrichener TL Salz
Butterschmalz zum Braten

FÜR DIE FÜLLUNG:

4 frische Matjes-Doppelfilets · 500 g säuerliche Äpfel · 2 Zwiebeln
2 EL Butter · 3 EL Balsamico-Essig

AUSSERDEM:

200 g Sauerrahm · 1 Bund Dill · Salz · Pfeffer

Eier, Mehl, Milch und Salz zu einem dickflüssigen Teig rühren und zum Quellen stehen lassen.
Die Matjesfilets in mundgerechte Stückchen zerteilen. Die Äpfel schälen, entkernen und in Scheiben, die Zwiebel in Ringe schneiden. Den Dill hacken, 4 Zweige als Garnitur ganz lassen.
Den Sauerrahm mit dem gehackten Dill verrühren, mit Salz und Pfeffer abschmecken.
Die Butter in einer Pfanne erhitzen, Äpfel und Zwiebeln langsam darin weich dünsten. Gelegentlich umrühren. Den Balsamico unterrühren.
In einer Pfanne etwas Butterschmalz erhitzen, nacheinander 4 Pfannkuchen backen und warm stellen.
Die Pfannkuchen mit Matjeshäppchen und Apfelkompott füllen und übereinanderklappen. Jeden Pfannkuchen mit einen Dillzweig dekorieren. Den Dillrahm getrennt dazu reichen.

Gut dazu: Bier oder Cidre.

Reispfannkuchen mit Kokosgarnelen

Fernöstlich inspiriert sind diese Pfannkuchen mit der scharfen Garnelenfüllung.

FÜR DIE PFANNKUCHEN:

100 g Reismehl · 1 gestrichener TL Salz
3 Eier · Öl zum Braten

FÜR DIE FÜLLUNG:

24 rohe Garnelenschwänze · 3 Knoblauchzehen
1 Stückchen frischer Ingwer · 2 rote Chilischoten
4 EL Reisessig · 4 EL indonesische Fischsauce
3 EL Öl · 200 ml Kokosmilch · 1 Stengel Zitronengras

AUSSERDEM:

1 Bund Koriandergrün

Reismehl, Salz und Eier mit 0,2 l lauwarmem Wasser verrühren und zum Quellen stehen lassen. Das Koriandergrün hacken, ein paar Zweige als Garnitur ganz lassen.
Die Garnelen schälen, den Darm behutsam herausziehen und wegwerfen. Den Knoblauch fein hacken. Den Ingwer schälen und reiben. Die Chilischoten entkernen und in sehr feine Streifen schneiden.
Knapp die Hälfte des Knoblauchs mit Ingwer, Chili, Reisessig und Fischsauce verrühren und als Marinade über die Garnelen gießen. Zugedeckt ziehen lassen, bis die Pfannkuchen gebraten sind.
Den Pfannkuchenteig noch einmal durchrühren. In einer beschichteten Pfanne wenig Öl erhitzen, nacheinander 8 dünne Pfannkuchen backen und warm stellen.
Die Garnelen aus der Marinade nehmen und abtropfen lassen,

die Marinade aufheben. In einer großen Pfanne das Öl erhitzen und die Garnelen darin von beiden Seiten 1 bis 2 Minuten kräftig anbraten. Herausnehmen und zur Seite stellen.
Den restlichen Knoblauch andünsten. Die Marinade durch ein Sieb in die Pfanne gießen, die Kokosmilch zufügen. Das Zitronengras mehrfach abknicken und in die Sauce legen. Bei starker Hitze zu einer sämigen Sauce einkochen. Das Zitronengras entfernen, die Garnelen kurz in der Sauce erwärmen.
Die Pfannkuchen mit jeweils 3 Garnelen, etwas Sauce und gehacktem Koriander füllen und aufrollen. Mit Korianderblättchen garnieren.

Gut dazu: Pils oder Tee.

Crêpes mit Stockfischpüree

Brandade de morue heißt in der Provence ein Püree aus Stockfisch – das ist gesalzener, getrockneter Kabeljau – und Öl, das gut zu dünnen knusprigen Pfannkuchen passt. Meist nimmt man Olivenöl, das immer zur Hand ist. Wenn es etwas Besonderes sein soll, kommt das feine Walnussöl zum Einsatz.
Die *Brandade* braucht ausreichend Vorbereitungszeit, weil der Fisch mindestens 24 Stunden lang gewässert werden muß.

FÜR DIE FÜLLUNG:

1 kg Stockfisch · 1/4 l Sahne
0,4 l Walnussöl (ersatzweise gutes Olivenöl)
3 Knoblauchzehen
Saft von 1/2 Zitrone · weißer Pfeffer

FÜR DIE PFANNKUCHEN:

150 g Mehl · 1 TL Salz · 2 Eier
150 ml Milch · 150 ml kohlensäurehaltiges Mineralwasser
Öl zum Braten

AUSSERDEM:

2 bis 3 Frühlingszwiebeln

Den Fisch mindestens 24 Stunden in kaltem Wasser einweichen, das Wasser dabei mehrmals wechseln.
Mehl und Salz mischen und mit Eiern, Milch und Wasser zu einem dünnen Pfannkuchenteig verrühren. Mindestens 20 Minuten zum Quellen stehen lassen. Das Weiße und das helle Grün der Frühlingszwiebeln in feine Ringe schneiden.
Den Fisch in einem großen Topf in reichlich Wasser 8 Minuten garen, abgießen und abkühlen lassen. Haut und Gräten entfernen und das Fischfilet zerpflücken.
In einem ausreichend großen Topf die Hälfte des Öls erhitzen,

den Fisch zufügen und unter ständigem Rühren so lange köcheln, bis ein dicker Brei entstanden ist.
Die Sahne erhitzen. Abwechselnd nach und nach die heiße Sahne und das restliche Öl in kleinen Schlucken unterrühren – am besten mit dem elektrischen Handrührer. Den Knoblauch durch die Presse drücken oder sehr fein hacken. Das fertige Püree mit Knoblauch, Zitronensaft und Pfeffer abschmecken.
Den Pfannkuchenteig noch einmal durchrühren. In einer beschichteten Pfanne wenig Fett erhitzen und nacheinander, je nach Pfannengröße, 8 oder 12 dünne Crêpes backen. Die Crêpes jeweils mit etwas Stockfischpüree bestreichen und aufrollen. Mit Frühlingszwiebelröllchen bestreuen.

Apropos Wein:
Zu diesem mächtigen Gericht braucht es einen ebenso wuchtigen Wein. Auch wenn es sonst immer heißt »zu Fisch Weißwein« – in diesem Fall ist der kräftigste Rote, dessen Sie habhaft werden können, angesagt! Wenn er aus der Provence stammt, um so besser.

Krabbenomeletts

Ein blitzschnelles Mittag- oder Abendessen. Knoblauchfans nehmen sich allerdings noch die Zeit, in Scheiben geschnittenen Knoblauch anzubraten, bevor sie die Krabben in die Pfanne geben.

FÜR DIE FÜLLUNG:

2 EL Olivenöl · 250 g gekochte, geschälte Krabben
Salz · Chilipulver

FÜR DIE OMELETTS:

8 Eier · 2 EL Sahne · 2 EL kohlensäurehaltiges Mineralwasser
1 gestrichener TL Salz · Butter zum Braten

AUSSERDEM:

1 Handvoll Kerbel (ersatzweise 2 EL gehackte Petersilie)
100 g Sauerrahm oder Crème fraîche · Salz

Kräuter und Sauerrahm verrühren und salzen.
Die Krabben im Öl anbraten, salzen und mit etwas Chilipulver bestreuen.
Die Eier mit Sahne und Mineralwasser verquirlen und leicht salzen. In einer beschichteten Pfanne wenig Butter erhitzen und nacheinander 4 Omeletts backen.
Die Krabben darauf verteilen und jedes Omelett zur Mitte hin zusammenklappen. Jede Portion mit etwas Kräutercreme garnieren.

Gut dazu: Alle nicht zu wuchtigen Weißweine, z. B. Grauburgunder.

Pfannkuchen mit Räucherfisch

FÜR DIE PFANNKUCHEN:

125 g Mehl · 1 TL Salz · 3 Eier · 125 ml Milch
Butterschmalz zum Braten

FÜR DIE FÜLLUNG:

2 Schalotten · 1 EL Butter · 250 Räucherfisch,
z. B. Forelle oder Schillerlocken
½ Glas Weißwein (siehe unten) · 100 g Crème fraîche · Pfeffer

AUSSERDEM:

1 Bund Dill · 200 g Sauerrahm · Salz · Pfeffer

Mehl und Salz mischen und mit Eiern und Milch zu einem Pfannkuchenteig verrühren. Mindestens 20 Minuten zum Quellen stehen lassen.

Inzwischen den Dill fein hacken und mit dem Sauerrahm verrühren. Mit Salz und Pfeffer abschmecken und zur Seite stellen. Die Schalotten fein hacken und in der Butter andünsten. Während die Schalotten sanft vor sich hin brutzeln, den Fisch in mundgerechte Häppchen zerteilen. Die Schalotten mit dem Weißwein ablöschen, und die Crème fraîche unterrühren. Den Fisch kurz in der Sauce erwärmen.

Den Pfannkuchenteig noch einmal durchrühren. In einer beschichteten Pfanne wenig Fett erhitzen und nacheinander 4 Pfannkuchen backen.

Jeden Pfannkuchen mit einer Portion Räucherfischragout belegen, zur Hälfte übereinanderklappen und mit etwas Dillsahne servieren.

Apropos Wein:

Fetter Räucherfisch braucht als Gegenspieler einen Wein mit ordentlich Säure, weshalb vor allem Riesling – zum Kochen wie zum Trinken – geeignet ist.

Pfannkuchen mit Tintenfisch

FÜR DIE PFANNKUCHEN:

125 g Mehl · 1 TL Salz · 1 EL Speisestärke
2 Eier · 1/4 l kohlensäurehaltiges Mineralwasser
Öl oder Butterschmalz zum Braten

FÜR DIE FÜLLUNG:

2 Knoblauchzehen (auf Wunsch auch mehr)
2 Selleriestangen · 1/2 Bund Koriandergrün oder Petersilie
3 EL Olivenöl · 300 g geputzte Sepia,
in Ringe geschnitten · 1 Glas trockener Weißwein
Salz · Pfeffer

AUSSERDEM:

Fett für die Form · 20 g kalte Butter

Mehl mit Salz und Speisestärke mischen, mit den Eiern und dem Mineralwasser zu einem dünnen Pfannkuchenteig verrühren. Mindestens 20 Minuten zum Quellen stehen lassen.
Inzwischen den Knoblauch und die Selleriestangen in feine Scheiben schneiden, die Kräuter hacken. 1 EL Öl in einer Pfanne erhitzen und zuerst den Knoblauch, dann den Sellerie anbraten und einige Minuten dünsten.
Das Gemüse aus der Pfanne nehmen und zur Seite stellen. Das restliche Öl in der Pfanne erhitzen und die Tintenfischringe scharf anbraten.
Das Gemüse zurück in die Pfanne geben und alles mit dem Wein ablöschen. Salzen, pfeffern und die gehackten Kräuter unterrühren. Vom Herd nehmen.
Den Pfannkuchenteig noch einmal durchrühren. In einer beschichteten Pfanne wenig Fett erhitzen und nacheinander je nach Pfannengröße 8 oder 12 dünne Crêpes backen.

Eine feuerfeste Form fetten. Die Crêpes mit dem Tintenfischragout füllen, aufrollen und in die Form legen. Die Butter in Flöckchen obenauf setzen. Bei 200 ° 5 Minuten überbacken.

Apropos Wein:
Der Weißwein, der zu diesem Gericht passt – und mit dem auch gekocht werden sollte, darf ruhig etwas kräftiger sein. Ein Vermentino aus Sardinien beispielsweise wäre keine schlechte Wahl.

Kalte Crêpes-Röllchen mit Thunfischsauce

Für all jene, die an der berühmten italienischen Vorspeise *Vitello tonnato* vor allem die Thunfischsauce mögen, sind diese Röllchen ein perfektes Partyfood, das sich gut vorbereiten läßt: Crêpes und Sauce können problemlos bereits am Vortag zubereitet und im Kühlschrank aufgehoben werden.

FÜR DIE CRÊPES:

150 g Mehl · 1 TL Salz · 2 Eier · 300 ml Milch
Butterschmalz oder Olivenöl zum Braten

FÜR DIE FÜLLUNG:

200 g Dosen-Thunfisch · 4 eingelegte Sardellen
2 EL Kapern · 2 hart gekochte Eier · Saft von ½ Zitrone
8 EL Olivenöl · 8 EL Hühner- oder Gemüsebrühe

AUSSERDEM:

Holzspießchen

Mehl und Salz mischen und mit den Eiern und der Milch zu einem dünnen Pfannkuchenteig verrühren. Mindestens 20 Minuten zum Quellen stehen lassen.
Inzwischen die Zutaten für die Füllung im Mixer pürieren.
Den Pfannkuchenteig noch einmal durchrühren. In einer beschichteten Pfanne wenig Fett erhitzen und nacheinander je nach Pfannengröße 8 oder 12 dünne Crêpes backen. Etwas abkühlen lassen.
Die Pfannküchlein alle mit der Thunfischsauce bestreichen und fest aufrollen. Im Kühlschrank gut durchkühlen lassen und anschließend in knapp 1 cm dicke Scheiben schneiden. Mit Holzspießchen feststecken.

Gut dazu: Cocktails, Aperitifs.

Kalte Crêpes-Röllchen mit Lachs

Diese Röllchen schmecken, gut gekühlt und in Scheiben geschnitten, zum Aperitif oder als Fingerfood für Partys.

FÜR DIE CRÊPES:

150 g Mehl · 1 TL Salz · 2 Eier · 150 ml Milch
150 ml kohlensäurehaltiges Mineralwasser
Butterschmalz zum Braten

FÜR DIE FÜLLUNG:

250 g Räucherlachs in dünnen Scheiben · 1 Bund Dill
200 g Crème fraîche · weißer Pfeffer

AUSSERDEM:

Holzspießchen

Mehl mit Salz vermischen und mit Eiern, Milch und Mineralwasser zu einem dünnen Teig verrühren. Wenigstens 20 Minuten zum Quellen stehen lassen.
Inzwischen den Dill fein hacken, mit der Crème fraîche verrühren und pfeffern.
Den Pfannkuchenteig noch einmal durchrühren. Wenig Butterschmalz in einer beschichteten Pfanne erhitzen und nacheinander je nach Pfannengröße 8 oder 12 dünne Crêpes backen. Etwas abkühlen lassen.
Die Crêpes jeweils mit etwas Dillcreme bestreichen, mit einer Scheibe Lachs belegen und stramm aufrollen. Im Kühlschrank gut durchkühlen lassen.
In knapp 1 cm dicke Scheiben schneiden und Holzspießchen so durchstechen, dass sie die Röllchen zusammenhalten und als Griff dienen.

Gut dazu: Cocktails, Aperitifs.

Vegetarisch gefüllte Pfannkuchen als Hauptgericht

Walnusscrêpes mit Ratatouille

✶

Pfannkuchen mit Gemüsecurry

✶

Überbackene Pfannkuchen mit Kürbisfüllung

✶

Hefepfannkuchen mit Lauchsahne

✶

Tomatencrêpes mit Basilikum-Mascarpone-Creme

✶

Winterpfannkuchen mit Wirsing

✶

Überbackene Spinat-Ricotta-Röllchen

✶

Spinat-Käse-Pfannkuchen

✶

Pfannkuchen mit Austernpilzen in Kokosmilch

✶

Crespelle alla napoletana

✶

Crêpes mit Kräuter-Sabayon

Pfannkuchen mit Tofu-Ragout

✶

Pfannkuchen mit Gemüse-Ziegenkäse-Füllung

✶

Dinkelpfannkuchen mit buntem Gemüse

✶

Reispfannkuchen mit Wokgemüse

✶

Maispfannkuchen mit
mexikanischem Bohnenmus

✶

Spargelcrêpes mit Sauce hollandaise

✶

Vollkorncrêpes mit
ungarischem Paprikagemüse

✶

Weiß-grüne Pfannkuchen mit
Gorgonzola-Sauce

✶

Reismehlpfannkuchen mit Paksoi

✶

Tapioka-Crêpes mit Palmenherzen

✶

Pfannkuchen mit Avocadocreme

✶

Pfannkuchenröllchen mit Morcheln

Für Vegetarier – sofern sie nicht zu den ganz Strengen gehören, die Eier ablehnen – sind Pfannkuchen mit allerlei Füllungen geradezu ideal: Eier, Milch und Mehl für den Teig, dazu eine Füllung aus Gemüse – mit dieser Mischung ist eine ausgewogene Ernährung ohne irgendwelche Mängel kinderleicht zu erreichen.

Eier enthalten beachtliche Mengen an Eisen und B-Vitaminen, Eiweiß in der höchstmöglichen Wertigkeit sowieso. Wenn dann noch ausreichend Kohlenhydrate, Ballaststoffe, Vitamine und sekundäre Pflanzenstoffe aus Mehl und Gemüse dazukommen, ist die gesunde Ernährung perfekt.

Die meisten Rezepte gehen von weißem Mehl aus. Sie können aber jederzeit die Zutaten austauschen und die Füllungen mit dem Dinkelpfannkuchen (Seite 90) kombinieren.

Weitere vegetarische Köstlichkeiten finden Sie in den Kapiteln *Tortillas – spanische Omeletts und Tapa-Happen, Frittata – die italienische Schwester der Tortilla, Pikante und süße »Hochstapler«* und *Buchweizen-Pfannkuchen.*

Apfelpfannkuchen mit Vollkornmehl (Rezept Seite 33)

Walnusscrêpes mit Ratatouille

Ein Gute-Laune-Gericht – vor allem wenn es dazu den passenden Wein gibt.

FÜR DEN TEIG:

125 g Mehl · 1 Ei · 300 ml lauwarme Milch
1 TL Salz · 30 g Walnusskerne
Olivenöl zum Braten

FÜR DIE RATATOUILLE:

2 mittelgroße Zucchini · 1 Aubergine
1 gelbe und 1 grüne Paprikaschote · 500 g Tomaten
2 Knoblauchzehen (wenn Sie mögen · auch mehr)
2 Zwiebeln · provenzalische Kräuter,
möglichst frisch: 2 Zweige Thymian · 1 Zweig Rosmarin
2 Zweige Oregano · 1 Prise Lavendel
etwa 6 EL Olivenöl · Salz · Pfeffer · 1 Bund Basilikum

AUSSERDEM:

150 g Ziegenkäse zum Überbacken
Olivenöl für die Form

Aus Mehl, Ei, Milch und Salz einen dünnen Pfannkuchenteig rühren und zum Quellen stehen lassen.
Zucchini und Aubergine von Stiel- und Blütenenden befreien, der Länge nach vierteln und in Würfel schneiden. Die Paprikaschoten halbieren, von Strunk und Samensträngen befreien und fein würfeln. Die Tomaten überbrühen, häuten und würfeln. Knoblauch und Zwiebeln schälen und in dünne Scheiben schneiden.
Die Walnüsse fein hacken und in einer Pfanne ohne Fett einige Minuten rösten. Abkühlen lassen.
In einem großen Topf die Hälfte des Olivenöls erhitzen, Zwiebel und Knoblauch darin andünsten. Paprika, Tomaten und

die Kräuter – mit Ausnahme des Basilikums – zufügen. Salzen und zugedeckt auf kleiner Flamme schmoren lassen. In einer Pfanne das restliche Öl erhitzen und darin Aubergine und Zucchini einige Minuten braten, salzen und pfeffern. Das gebratene Gemüse in den Topf zu dem anderen Gemüse geben.
Die Walnüsse mit dem Pfannkuchenteig verrühren. In einer beschichteten Pfanne wenig Olivenöl erhitzen und nacheinander je nach Pfannengröße 8 oder 12 dünne Pfannküchlein backen.
Die Ratatouille auf die Crêpes verteilen, diese aufrollen. Eine ofenfeste Form mit etwas Olivenöl auspinseln und die gefüllten Pfannkuchen hineinlegen. Den Käse in Würfel schneiden und auf den Crêpes verteilen.
Für wenige Minuten unter den heißen Grill schieben, bis der Käse geschmolzen und leicht gebräunt ist.

Apropos Wein:
Zu diesen kräuterwürzigen Crêpes passt ein fruchtiger provenzalischer Roter oder Rosé.

Pfannkuchen mit Gemüsecurry

Für den Teig:

2 Eier · 100 g Kichererbsenmehl · 100 g Weizenmehl
200 ml lauwarme Milch · 1 gestrichener TL Salz
Butterschmalz oder Ghee zum Braten

Für die Füllung:

1 kleiner Blumenkohl · 2 Karotten · 2 Frühlingszwiebeln
3 EL Butter oder Ghee (geklärte Butter)
1 Stück frischer Ingwer
1 TL Garam Masala (indische Würzmischung) · Salz

Für die Sauce:

1 kg Tomaten · 2 EL Butter oder Ghee · Salz · Pfeffer
1 TL Curry · ¼ l Vollmilchjoghurt
1 Bund Koriander

Aus den angegebenen Zutaten einen Pfannkuchenteig rühren und etwa 30 Minuten quellen lassen.

Inzwischen den Blumenkohl in Röschen zerteilen und waschen, die Karotten schälen und in feine Scheiben schneiden, die Frühlingszwiebel waschen, das Weiße und das helle Grün in Ringe schneiden.

Butter oder Ghee in einem Topf zerlassen, Karotten und Blumenkohl darin andünsten. Den Ingwer schälen und reiben. Das Gemüse mit Ingwer, Garam Masala und Salz würzen. Im geschlossenen Topf 20 Minuten garen.

Inzwischen die Tomaten überbrühen, häuten und vierteln. In Ghee oder Butter andünsten, mit Salz, Pfeffer und Curry würzen.

Während das Gemüse und die Sauce köcheln, in einer Pfanne Ghee oder Butterschmalz erhitzen, nacheinander 8 dünne Pfannkuchen backen und warm stellen. Wenn das Gemüse fast

gar ist, die Frühlingszwiebeln zufügen und noch 2 Minuten weiterköcheln.
Die gekochten Tomaten etwas abkühlen lassen. Den Koriander hacken und zusammen mit dem Joghurt in die Tomaten rühren. Das Gemüse auf die Pfannkuchen verteilen, die Pfannkuchen übereinanderschlagen und mit der Tomaten-Joghurt-Sauce reichen.

Gut dazu: Chai (indischer Tee mit Gewürzen und Milch).

Überbackene Pfannkuchen mit Kürbisfüllung

FÜR DEN TEIG:

2 Eier · 200 g Mehl · 200 ml lauwarme Milch · 1 TL Salz
Butterschmalz zum Braten

FÜR DIE FÜLLUNG:

700 g Kürbisfleisch (ohne Schale und Kerne gewogen) · Salz · Pfeffer
150 g frisch geriebener Parmesan · 1 Handvoll Salbeiblätter

AUSSERDEM:

50 g Butter zum Braten der Salbeiblätter und Butter für die Form
100 ml Sahne · 2 Eier

Die angegebenen Zutaten zu einem dünnen Pfannkuchenteig verrühren und eine halbe Stunde quellen lassen.
Inzwischen das Kürbisfruchtfleisch in Würfel schneiden und in einer verschließbaren Form (das kann ein Topf mit Deckel ohne Kunststoffteile sein, oder Sie legen die Kürbisstückchen auf ein Backblech und stülpen eine Metallschüssel als Haube darüber) im Backofen etwa 30 Minuten garen.
Inzwischen die Hälfte des Salbeis fein hacken und eine rechteckige ofenfeste Form mit Butter ausstreichen. Das Kürbisfleisch mit dem Stabmixer pürieren, salzen, pfeffern und mit Parmesan und gehacktem Salbei vermischen.
Butterschmalz in einer beschichteten Pfanne erhitzen und nacheinander aus dem Teig 8 Pfannkuchen backen. Die fertigen Pfannkuchen mit der Kürbismasse bestreichen und zusammenrollen. Die Rollen nebeneinander in die Form legen. Sahne und Eier miteinander verquirlen, leicht salzen und über die Pfannkuchen gießen. Bei 200 ° etwa 20 Minuten überbacken.
Inzwischen die restlichen Salbeiblätter in etwas Butter braten. Die Salbeibutter über das fertige Gericht träufeln.

Gut dazu: Blattsalate mit Balsamico-Vinaigrette.

Hefepfannkuchen mit Lauchsahne

FÜR DEN TEIG:

250 g Mehl · ½ Beutel Trockenhefe · 1 TL Zucker
1 gestrichener TL Salz · 375 ml lauwarme Milch
2 Eier · Butterschmalz zum Braten

FÜR DIE FÜLLUNG:

750 g Lauch · 50 g Butter · Salz · Pfeffer
200 g Crème fraîche

AUSSERDEM:

250 g Mozzarella zum Überbacken
Butter für die Form

Mehl, Trockenhefe, Zucker und Salz mischen und mit der lauwarmen Milch und den Eiern gut verrühren. Die Konsistenz des Teigs soll dickflüssig sein. An einem warmen Ort zugedeckt etwa eine halbe Stunde gehen lassen.
Inzwischen die Gemüsefüllung herstellen: Den Lauch putzen, der Länge nach aufschlitzen, gründlich waschen und in dünne Ringe schneiden. In einem Topf die Butter zerlassen und den Lauch darin andünsten. Kräftig salzen und pfeffern und die Crème fraîche einrühren. Etwa 10 Minuten garen, die Hitze dabei so regulieren, dass einerseits nichts anbrennt, sich andererseits aber möglichst wenig bzw. keine Flüssigkeit bildet.
In einer großen Pfanne Butterschmalz zerlassen und nacheinander 4 Pfannkuchen backen.
Eine ofenfeste Form einfetten. Die Pfannkuchen mit dem Lauch füllen, zusammenklappen und in die Form legen. Den Mozzarella in Scheiben schneiden und auf die Pfannkuchen legen.
Kurz unter den heißen Grill schieben, bis der Käse zerlaufen und leicht gebräunt ist.

Gut dazu: Rohkostsalat aus Karotten.

Tomatencrêpes mit Basilikum-Mascarpone-Creme

FÜR DEN TEIG:

2 Eier · 200 g Mehl · 200 ml Milch · 1 gestrichener TL Salz
2 EL Tomatenmark
Butterschmalz oder Olivenöl zum Braten

FÜR DIE KRÄUTERCREME:

250 g Mascarpone · 3 EL Sauerrahm oder Joghurt
Salz · Pfeffer · 2 Knoblauchzehen
1 Bund Basilikum

Die Zutaten für den Teig gut miteinander verrühren und zum Quellen stehen lassen.
Mascarpone und Sauerrahm oder Joghurt miteinander verrühren. Knoblauch und Basilikum hacken, untermischen, salzen und pfeffern.
Aus dem Teig dünne Pfannküchlein backen. Mit der Creme bestreichen und aufrollen.

Gut dazu: Weißwein? Rotwein? Bier? – Alles passt!

Winterpfannkuchen mit Wirsing

FÜR DEN TEIG:

3 Eier · 100 g Mehl · 50 g zerlassene Butter
2 EL Sauerrahm · 100 ml lauwarme Milch
Butterschmalz zum Braten

FÜR DIE GEMÜSEFÜLLUNG:

1 kleiner Kopf Wirsing von etwa 600 g
125 g Walnüsse bzw. 50 g Walnusskerne · 1 Zwiebel
2 EL Butter · 1 TL gemahlener Kümmel
100 g Crème fraîche

AUSSERDEM:

1 Bund Schnittlauch

Die Zutaten für den Teig miteinander verrühren und zum Quellen stehen lassen.
Vom Wirsing unschöne äußere Blätter wegnehmen. Von den großen Blättern die dicken Rippen entfernen, den Rest des Kohlkopfs vierteln und vom Strunk befreien. Den Wirsing waschen, abtropfen lassen und grob hacken. Die Walnüsse grob hacken. Den Schnittlauch in feine Röllchen schneiden.
Die Zwiebel schälen und fein hacken. In einem Topf die Butter zerlassen und die Zwiebel glasig dünsten. Den Wirsing in den Topf füllen und den Kümmel darüber streuen. Etwa 10 Minuten dünsten, Walnüsse und Crème fraîche unterrühren.
Aus dem Teig vier Pfannkuchen backen. Diese auf vorgewärmte Teller legen, den Wirsing auf den Pfannkuchen verteilen. Überklappen und mit Schnittlauchröllchen bestreuen.

Gut dazu: Statt Bier könnte es hier auch eine Spätlese aus dem Rheingau sein.

Überbackene Spinat-Ricotta-Röllchen

Dieses Rezept ist an Cannelloni, die dicken italienischen Teigröhren, angelehnt. Die Zubereitung ist ähnlich, nur dass statt des Nudelteigs hauchdünne Pfannküchlein, auf italienisch »crespelle« zum Einsatz kommen.

FÜR DIE CRESPELLE:

1 Ei · 100 g Mehl · 100 ml Milch · ½ TL Salz
Butterschmalz zum Braten

FÜR DIE FÜLLUNG:

600 g frischer Spinat (ersatzweise 450 g TK-Blattspinat)
3 EL Pinienkerne · 250 g Ricotta
40 g frisch geriebener Parmesan · 1 großes Ei
1–2 Knoblauchzehen Salz · Pfeffer

AUSSERDEM:

2 Eier · 20 g Butter · 60 g frisch geriebener Parmesan
100 ml Sahne · Butter für die Form

Die Zutaten für die Pfannküchlein verrühren und zum Quellen stehen lassen.
Den frischen Spinat putzen, mehrmals waschen, bis das letzte Sandkörnchen entfernt ist (tiefgekühlten auftauen). In einem großen Topf Wasser zum Kochen bringen.
Die Pinienkerne in einer kleinen Pfanne ohne Fett goldgelb rösten und abkühlen lassen.
Den frischen Spinat ins kochende Wasser geben. Einmal aufkochen und sofort abgießen. In einem Sieb abkühlen und abtropfen lassen.
Die Pinienkerne hacken. Den Spinat gut ausdrücken und grob hacken. In einer beschichteten Pfanne wenig Butterschmalz

zerlassen, nacheinander je nach Pfannengröße 8 oder 12 dünne Crespelle backen und zur Seite stellen.
In einer Schüssel Ricotta mit Parmesan, Ei, Spinat und Pinienkernen verrühren, den Knoblauch dazu pressen, kräftig salzen und pfeffern. Eine rechteckige Auflaufform buttern. Die Pfannküchlein mit Füllung bestreichen, zusammenrollen und nebeneinander in die Auflaufform legen.
Eier, Sahne und Parmesan verquirlen und über die Röllchen gießen. Obenauf die Butter in Flöckchen setzen.
Bei 200° etwa 20 Minuten überbacken.

Gut dazu: Italienischer Rotwein der leichteren Art.

Spinat-Käse-Pfannkuchen

FÜR DEN TEIG:

125 g Mehl · Salz · 2 Eier · 1/4 l Milch · 50 g geriebener Parmesan
Butter zum Braten.

FÜR DIE FÜLLUNG:

500 g frischer Spinat · 1 EL Butter
1 fein gehackte Knoblauchzehe (auf Wunsch natürlich auch mehrere)
1 fein gewürfelte Zwiebel
20 g Pinienkerne · Salz · schwarzer Pfeffer
1 EL Zitronensaft

Die angegebenen Zutaten für den Teig verrühren und etwas stehen lassen. In der Pfanne in Butter 4 Pfannkuchen backen und warm stellen.
Den Spinat putzen und in einer Schüssel waschen. Mehrmals das Wasser wechseln, bis kein Sandkörnchen mehr drin ist. Spinat gut abtropfen lassen, evtl. sogar trockenschleudern.
In einem großen Topf die Butter zerlassen, Zwiebel und Knoblauch andünsten, Pinienkerne zugeben und mitbrutzeln. Spinat zugeben und etwa 5 Minuten mitdünsten. Die Hitze so regulieren, dass eventuell sich bildende Flüssigkeit vollständig verdampft. Mit Salz, Pfeffer und Zitronensaft würzen.
Auf jeden Pfannkuchen ein Viertel der Gemüsefüllung häufen und übereinanderklappen.

Info: Der Zitronensaft rundet nicht nur den Geschmack ab, das enthaltene Vitamin C hilft auch, das im Spinat enthaltene Eisen und Kalzium besser zu verwerten.

Pfannkuchen mit Austernpilzen in Kokosmilch

Diese Pfannkuchen sind von der etwas dickeren Sorte – jeder bekommt nur einen. Dafür stehen Sie auch nicht so lange am Herd.

FÜR DEN TEIG:

4 Eier · 100 g Mehl · 100 ml Sauerrahm
1 gestrichener TL Salz
Butterschmalz oder Öl zum Braten

FÜR DAS PILZRAGOUT:

1 kg Austernpilze · 3 Frühlingszwiebeln · ¼ l Kokosmilch
4 Kaffirblätter (von der Kaffirlimette, aus dem Asienladen)
1 Stückchen Ingwer · 1 Chilischote · Salz

Eier, Mehl, Sauerrahm und Salz glattrühren. Die Austernpilze putzen und in angenehme Häppchengröße schneiden. Die Frühlingszwiebeln putzen und in feine Ringe schneiden. Die Kaffirblätter abwaschen, den Ingwer schälen, die Chilischote halbieren und entkernen.

Die Kokosmilch aufkochen. Austernpilze, Frühlingszwiebeln, Kaffirblätter, Ingwer und die Chilischotenhälften darin wenige Minuten köcheln.

Kaffirblätter, Ingwer und Chilischote wieder herausfischen und das Pilzragout mit Salz und Pfeffer abschmecken.

In einer beschichteten Pfanne etwas Fett zerlassen, nacheinander 4 Pfannkuchen backen und warm stellen.

Auf vorgewärmte Teller je einen Pfannkuchen legen, das Pilzragout darauf verteilen. Die Pfannkuchen halbmondförmig übereinanderklappen und sofort servieren.

Gut dazu: Bier oder Tee.

Crespelle alla napoletana

Hauchdünne Pfannkuchen mit würziger Tomatensauce.

FÜR DIE CRESPELLE:

100 g Mehl · 1 gestrichener TL Salz · ¼ l Milch
4 Eier · Butterschmalz oder Öl zum Braten

FÜR DIE TOMATENSAUCE:

1 Zwiebel · 1 Knoblauchzehe · 400 g Tomaten (möglichst Eiertomaten)
2 EL Olivenöl · einige Zweige frischer Oregano
(ersatzweise ½ TL getrockneter) · Salz · Pfeffer

AUSSERDEM:

1 Handvoll frisches Basilikum · 50 g frisch geriebener Parmesan

Mehl mit Salz vermischen und mit Milch und Eiern zu einem glatten, dünnen Teig verrühren.
Zwiebel und Knoblauch fein hacken. Die Tomaten überbrühen, häuten, entkernen und das Fruchtfleisch würfeln. In einer Kasserolle das Öl erhitzen, Zwiebel und Knoblauch darin glasig dünsten. Das Basilikum grob hacken.
Tomaten und Oregano zufügen. Etwa 20 Minuten köcheln lassen, bis die Sauce schön dick ist. Mit Salz und Pfeffer abschmecken.
Während die Sauce noch vor sich hin köchelt, können Sie schon beginnen, die Pfannkuchen zu backen: Den Teig noch einmal durchrühren. In einer beschichteten Pfanne wenig Butterschmalz oder Öl erhitzen und einen kleinen Schöpflöffel Teig einfüllen. Durch Schwenken der Pfanne verteilen. Wenn der Pfannkuchen an der Unterseite leicht goldbraun ist, wenden und in Sekundenschnelle von der anderen Seite fertigbacken. Nacheinander den ganzen Teig zu dünnen Pfannkuchen verarbeiten.

Die Crespelle jeweils mit etwas Tomatensauce bedecken, aufrollen und mit gehacktem Basilkum und Parmesankäse bestreuen.

Gut dazu: Probieren Sie mal Wein aus dem Umland von Neapel – weiß (z. B. Greco di Tufo) oder rot (Taurasi) – beides geht.

Crêpes mit Kräuter-Sabayon

FÜR DIE CRÊPES:

100 g Mehl · 1 gestrichener TL Salz · ¼ l Milch · 4 Eier
Butterschmalz oder Öl zum Braten

FÜR DEN KRÄUTER-SABAYON:

4 Eigelb · 1 EL Zucker · 1 TL Salz · weißer Pfeffer
50 ml trockener Wermut (Noilly Prat)
1 Handvoll gehackte Kräuter nach Wahl
(z. B. Kerbel · Basilikum · Petersilie)

Mehl mit Salz vermischen und mit Milch und Eiern zu einem glatten Teig rühren. 20 Minuten zum Quellen stehen lassen. Den Teig noch einmal durchrühren. In einer beschichteten Pfanne wenig Butterschmalz oder Öl erhitzen und einen kleinen Schöpflöffel Teig einfüllen. Durch Schwenken der Pfanne verteilen. Wenn der Pfannkuchen an der Unterseite leicht goldbraun ist, wenden und in Sekundenschnelle von der anderen Seite fertigbacken. Nacheinander den ganzen Teig zu dünnen Pfannkuchen verarbeiten. Warm stellen.

Eigelb mit Zucker, Salz und Pfeffer in eine Matallschüssel geben und mit dem Schneebesen oder elektrischen Handrührer schaumig rühren. In einem kleinen Topf etwas Wasser zum Kochen bringen. Die Schüssel so in den Topf hängen, dass sie nur vom aufsteigenden Dampf erwärmt wird. Die Masse weiterschlagen und nach und nach den Wermut unterrühren. Die Kräuter unterheben.

Die Crêpes aufrollen und mit dem Kräuter-Sabayon überziehen.

Gut dazu: Am besten Sekt.

Pfannkuchen mit Tofu-Ragout

FÜR DIE PFANNKUCHEN:

100 g Mehl · 1 gestrichener TL Salz · ½ TL gemahlene Kurkuma
¼ l Milch · 4 Eier · 50 g flüssige Butter
Butterschmalz oder Öl zum Braten

FÜR DIE FÜLLUNG:

3 EL Sesamkerne · 400 g Tofu · 2 Knoblauchzehen · 200 g Karotten
1 gelbe Paprikaschote · 5 Frühlingszwiebeln · 1 EL geröstetes Sesamöl
2 EL neutrales Öl · 100 g Mungobohnen-Sprossen
3 EL Sojasauce · 3 EL trockener Sherry (Fino)

Mehl mit Salz und Kurkuma mischen und mit Milch, Eiern und flüssiger Butter zu einem glatten Teig verrühren.
Die Sesamkerne ohne Fettzugabe in einer Pfanne rösten, bis sie duften. Den Tofu in Würfel schneiden. Den Knoblauch hacken, die Karotten schälen und in dünne Scheiben, die geputzte Paprikaschote in schmale Streifen schneiden. Die Frühlingszwiebeln putzen, das Weiße und das helle Grün in feine Ringe schneiden.
In einer Pfanne oder einem Wok die Öle erhitzen. Zuerst die Karottenscheiben anbraten, nach 2 Minuten Paprika und Knoblauch zufügen, nach weiteren 5 Minuten Frühlingszwiebeln und Tofu dazugeben. Mit Sojasauce und Sherry begießen. Zuletzt die Sprossen unterrühren. Zugedeckt warm stellen.
Den Teig noch einmal durchrühren. In einer beschichteten Pfanne wenig Butterschmalz oder Öl erhitzen und einen kleinen Schöpflöffel Teig einfüllen. Durch Schwenken der Pfanne verteilen. Wenn der Pfannkuchen an der Unterseite leicht goldbraun ist, wenden und in Sekundenschnelle von der anderen Seite fertigbacken. Nacheinander den ganzen Teig zu dünnen Pfannkuchen verarbeiten.
Die Pfannkuchen mit Tofu-Ragout füllen, halbmondförmig übereinanderklappen und mit dem gerösteten Sesam bestreuen.

Gut dazu: Helles Bier oder grüner Tee.

Pfannkuchen mit Gemüse-Ziegenkäse-Füllung

Auberginen, Zucchini und Paprika, dazu feiner Ziegenfrischkäse – ein sommerliches Gericht, das nach Süden schmeckt.

FÜR DIE PFANNKUCHEN:

100 g Mehl · 1 gestrichener TL Salz · ¼ l Milch
4 Eier · Butterschmalz oder Öl zum Braten

FÜR DIE FÜLLUNG:

400 g Auberginen · 250 g Zucchini · 1 kleine rote Paprikaschote
1–2 Knoblauchzehen · 1 Handvoll frische Provence-Kräuter
(Thymian, Rosmarin, Oregano, Salbei)
3 EL Olivenöl · 250 g Ziegenfrischkäse

Das Mehl mit dem Salz vermischen und mit der Milch und den Eiern zu einem glatten, dünnen Teig verrühren. Zum Quellen stehen lassen.
Auberginen und Zucchini waschen und Enden abschneiden. Die Paprikaschote putzen. Das Gemüse fein würfeln. Den Knoblauch in dünne Scheiben schneiden. Die Kräuter hacken. Das Öl erhitzen, Gemüse und Knoblauch darin gar dünsten.
Den Teig noch einmal durchrühren. In einer beschichteten Pfanne wenig Butterschmalz oder Öl erhitzen und einen kleinen Schöpflöffel Teig einfüllen. Durch Schwenken der Pfanne verteilen. Wenn der Pfannkuchen an der Unterseite leicht goldbraun ist, wenden und in Sekundenschnelle von der anderen Seite fertigbacken. Nacheinander den ganzen Teig zu dünnen Pfannkuchen verarbeiten. Warm halten.
Den Ziegenkäse zerkrümeln und zum Gemüse geben. Die Pfannkuchen mit Gemüse füllen, zusammenklappen und mit Kräutern bestreuen.

Gut dazu: Ein fruchtiger Rosé aus der Provence.

Eierkuchen mit Filet und Kräutern (Rezept Seite 110)

Dinkelpfannkuchen mit buntem Gemüse

Pfannkuchen aus fein gemahlenem Dinkel, dazu eine üppige Gemüsefüllung mit gerösteten Kürbiskernen – das perfekte Vollwertgericht!

FÜR DIE PFANNKUCHEN:

200 g frisch gemahlener Dinkel · 1 TL Salz
400 ml Milch · 5 Eier
Butterschmalz oder Öl zum Braten

FÜR DIE GEMÜSEFÜLLUNG:

3 EL Kürbiskerne · 200 g Zuckerschoten
250 g Karotten · ½ kleiner Blumenkohl · 1 gelbe Paprikaschote
200 g Champignons · 1 EL Butter · 200 g Crème fraîche
Salz · Pfeffer

AUSSERDEM:

1 Handvoll gehackte frische Kräuter nach Wahl
(z. B. Schnittlauch, Petersilie, Basilikum)

Dinkel und Salz mit Milch und Eiern sehr gut verrühren und zum Quellen stehen lassen.
Inzwischen die Füllung vorbereiten: Die Kürbiskerne ohne Fettzugabe in einer Pfanne einige Minuten rösten. Die Zuckerschoten waschen, die Enden und eventuell vorhandene Fäden entfernen. Die Karotten schälen und in streichholzgroße Streifen schneiden. Den Blumenkohl in Röschen zerteilen und waschen. Die Paprikaschote putzen, waschen und in schmale Streifen schneiden. Die Champignons säubern und blättrig schneiden.
Salzwasser zum Kochen bringen. Zuckerschoten, Karotten und Blumenkohl 4 Minuten, Paprika 1 Minute kochen. Die Champignons kurz in Butter dünsten. Das Gemüse mit der

Crème fraîche verrühren, mit Salz und Pfeffer abschmecken. Warm stellen.
Den Teig noch einmal durchrühren. In einer großen beschichteten Pfanne Butterschmalz oder Öl erhitzen und ein Viertel des Teigs einfüllen. Wenn der Pfannkuchen an der Unterseite leicht goldbraun ist, wenden und von der anderen Seite fertigbacken.
Die Pfannkuchen auf vorgewärmten Tellern mit dem Gemüse anrichten.

Gut dazu: Ein leichtes Weißbier.

Reispfannkuchen mit Wokgemüse

FÜR DEN TEIG:

100 g Reismehl · Salz · 4 Eier
Erdnussöl zum Braten

FÜR DAS GEMÜSE:

200 g Shiitake-Pilze · je 1 kleine rote und gelbe Paprikaschote
2 EL geröstetes Sesamöl · 2 EL neutrales Öl
300 g grüne Erbsen (frisch gepalt oder tiefgekühlt)
200 g Mungobohnen-Sprossen
3 EL Sherry · 2 EL Sojasauce · 2 EL Reisessig

Reismehl, Salz und Eier mit $^1/_4$ l Wasser zu einem glatten, dünnen Teig verrühren.
Pilze und Paprika putzen und klein schneiden. Die Öle erhitzen und darin Pilze, Paprika und Erbsen anbraten. Die Sprossen zufügen. Sherry, Sojasauce und Reisessig unterrühren. Warm stellen.
Den Teig noch einmal durchrühren. In einer beschichteten Pfanne wenig Öl erhitzen und einen kleinen Schöpflöffel Teig einfüllen. Durch Schwenken der Pfanne verteilen. Wenn der Pfannkuchen an der Unterseite leicht goldbraun ist, wenden und in Sekundenschnelle von der anderen Seite fertigbacken. Nacheinander den ganzen Teig zu dünnen Pfannkuchen verarbeiten.
Auf vorgewärmten Tellern die Pfannküchlein mit dem Gemüse anrichten.

Gut dazu: Tee oder Pils.

Maispfannkuchen mit mexikanischem Bohnenmus

FÜR DIE PFANNKUCHEN:

125 g Weizenmehl · 125 g Maismehl · 1 TL Salz · 1/4 l Milch
200 ml Mineralwasser · Butterschmalz oder Öl zum Braten

FÜR DIE GEMÜSEFÜLLUNG:

250 g getrocknete schwarze Bohnen · 3 Zwiebeln
2 Knoblauchzehen · 8 EL Maiskeimöl · Salz · schwarzer Pfeffer
1/2 TL gemahlener Koriander

AUSSERDEM:

1 Bund Petersilie

Die Bohnen über Nacht einweichen.
Mehl, Salz, Milch und Wasser zu einem glatten Teig verrühren und zum Quellen stehen lassen.
Die Bohnen in reichlich Wasser (ohne Salz) zusammen mit 2 grob zerteilten Zwiebeln etwa 1 1/2 Stunden kochen. Inzwischen die letzte Zwiebel und den Knoblauch sehr fein hacken oder reiben. Die Petersilie ebenfalls hacken.
In einem breiten Topf das Öl erhitzen. Die Bohnen darin anbraten und mit dem Kartoffelstampfer zu Mus zerdrücken. Das Bohnenmus mit Zwiebel und Knoblauch verrühren und mit Salz, Pfeffer und Koriander würzen.
Den Teig noch einmal durchrühren. In einer beschichteten Pfanne wenig Öl erhitzen und einen Schöpflöffel Teig einfüllen. Durch Schwenken der Pfanne verteilen. Wenn der Pfannkuchen an der Unterseite schön goldbraun ist, wenden und von der anderen Seite fertigbacken. Nacheinander den ganzen Teig zu Pfannkuchen verarbeiten.
Die Pfannkuchen mit dem Bohnenmus füllen und mit Petersilie bestreuen.

Gut dazu: Corona (mexikanisches Bier) oder jedes andere Bier.

Spargelcrêpes mit Sauce hollandaise

Spargel und Sauce hollandaise – eine wunderbare Verbindung, die eine Sünde wert ist. Der zarte Eierkuchengeschmack passt sich diesem Gericht perfekt an.

FÜR DIE CRÊPES:

100 g Mehl · ½ TL Salz · 3 Eier · ⅛ l Milch
100 ml Mineralwasser
Butter oder Butterschmalz zum Braten

FÜR DIE FÜLLUNG:

2 kg frischer weißer Spargel · 1 EL Butter
1 EL Zucker · Salz

FÜR DIE SAUCE HOLLANDAISE:

250 g Butter · 2 Eigelb · 1 Schuss Weißwein
Saft von ½ Zitrone · Salz · weißer Pfeffer

AUSSERDEM:

2 EL Schnittlauchröllchen

Mehl, Salz, Eier, Milch und Mineralwasser mit dem Handrührer zu einem glatten, dünnen Teig verrühren und zum Quellen stehen lassen.
Den Spargel schälen, die holzigen Enden abschneiden. In reichlich Salzwasser, dem Sie Butter und Zucker zugefügt haben, den Spargel in ca 12 bis 20 Minuten (je nach Dicke der Stangen) kochen.
Den Teig noch einmal durchrühren. In einer beschichteten Pfanne wenig Butter oder Butterschmalz erhitzen und einen kleinen Schöpflöffel Teig einfüllen. Durch Schwenken der Pfanne verteilen. Wenn der Pfannkuchen an der Unterseite zart gebräunt ist, wenden und von der anderen Seite ganz schnell fertigbacken. Nacheinander den gesamten Teig zu dün-

nen Pfannkuchen verarbeiten und – ebenso wie Crêpes und Spargel – warm halten.
Für die Sauce die Butter schmelzen und den Schaum abschöpfen. Eigelbe und Wein in einer metallenen Rührschüssel im Wasserbad schaumig rühren. Die Butter tropfenweise zufügen, dabei ständig rühren. Die fertige dicke Sauce mit Zitronensaft, Salz und Pfeffer abschmecken.
Die Spargelstangen auf die Crêpes verteilen, aufrollen und mit der Sauce überziehen. Mit Schnittlauchröllchen bestreuen.

Apropos Wein:
Hier wäre ein Silvaner aus Franken die passende Ergänzung.

Vollkorn-Crêpes mit ungarischem Paprikagemüse

FÜR DIE PFANNKUCHEN:

200 g frisch gemahlenes Weizenmehl · 5 Eier
1 TL Salz · ½ l Milch
Butterschmalz oder Öl zum Braten

FÜR DIE PAPRIKASAUCE:

250 g grüne Paprikaschoten · 250 g rote Paprikaschoten
250 g Tomaten · 250 g Zwiebeln
2 Knoblauchzehen · 2 EL Öl · 2 EL Butter
1 EL scharfes Paprikapulver (Rosenpaprika)
Salz · Pfeffer
1 kleines Glas Weißwein (evtl. weglassen)

AUSSERDEM:

200 g Sauerrahm · 2 EL gehackte Petersilie

Mehl, Eier und Salz mischen. Nach und nach die Milch unterrühren, bis der Teig dickflüssig ist – vielleicht brauchen Sie nicht die ganze Milch. Zum Quellen stehen lassen.

Paprikaschoten waschen, langs vierteln und Kerne, Blütenansatz und weiße Rippen entfernen. Tomaten überbrühen, häuten und würfeln. Zwiebeln schälen und in dünne Ringe, geschälten Knoblauch in dünne Scheiben schneiden.

Butter und Öl in einem Topf erhitzen und darin Zwiebeln und Knoblauch andünsten. Das Paprikapulver darüber stäuben und kurz mitrösten. Paprika und Tomaten dazugeben und mit dem Wein (oder wenig Wasser oder Brühe) aufgießen. Salzen und pfeffern.

Bei schwacher Hitze gut eine halbe Stunde köcheln lassen.

Den Pfannkuchenteig noch einmal durchrühren. In einer großen beschichteten Pfanne wenig Butterschmalz oder Öl erhitzen und ein Viertel des Teigs einfüllen. Durch Schwenken der Pfanne verteilen. Wenn der Pfannkuchen an der Unterseite leicht goldbraun ist, wenden und von der anderen Seite fertigbacken. Auf diese Weise 4 Pfannkuchen backen und warm stellen.

Das fertige Gemüse abschmecken. Die Pfannkuchen auf vorgewärmte Teller legen, das Gemüse darauf verteilen, und die Pfannkuchen übereinanderklappen. Sauerrahm und Petersilie dazu reichen.

Gut dazu: Weißer Sauvignon aus Frankreich oder aus der Neuen Welt.

Weiß-grüne Pfannkuchen mit Gorgonzola-Sauce

FÜR DIE PFANNKUCHEN:

250 g Mehl · 1 TL Salz · 6 Eier · ½ l Milch
4 EL fein gehackte Kräuter (Petersilie, Schnittlauch, Kerbel)
Butterschmalz oder Öl zum Braten

FÜR DIE SAUCE:

125 g Gorgonzola · 125 g Sahne · 3 EL Weißwein

Mehl, Salz, Eier und Milch mit dem Handrührer zu einem glatten Teig verrühren und mindestens 20 Minuten quellen lassen.
Den Teig noch einmal durchrühren. In einer beschichteten Pfanne wenig Butterschmalz oder Öl erhitzen und einen kleinen Schöpflöffel Teig (etwa ein Achtel der gesamten Teigmenge) einfüllen. Durch Schwenken der Pfanne verteilen. Wenn der Pfannkuchen an der Unterseite leicht goldbraun ist, wenden und von der anderen Seite fertigbacken. Nacheinander 4 dünne Pfannkuchen backen und warm stellen –die Menge sollte so bemessen sein, dass mit den 4 Pfannkuchen die Hälfte des Teigs aufgebraucht wird.
Den restlichen Teig mit den Kräutern verrühren und auf die beschriebene Weise weitere 4 Pfannkuchen backen.
In einem kleinen Topf Käse, Sahne und Wein unter Rühren erhitzen, bis sich der Käse gelöst hat.
Je einen weißen und einen grünen Pfannkuchen zusammengeklappt auf einen Teller legen und mit Käsesauce überziehen.

Gut dazu: Edelsüßer Weißwein

Reismehlpfannkuchen mit Paksoi

Diese Pfannkuchen enthalten ausnahmsweise kein Ei, sind also für Hühnerei-Allergiker und Veganer geeignet.

FÜR DIE PFANNKUCHEN:

175 g Reismehl · ½ TL Salz · 1 TL gemahlene Kurkuma
1 Dose Kokosmilch (400 ml) · Öl zum Braten

FÜR DIE GEMÜSEFÜLLUNG:

500 g Paksoi (Japankohl) · 2 Knoblauchzehen · 2 EL Erdnussöl
1 TL Zucker · 1 EL Austernsauce (aus dem Asienladen) · 1 EL Sesamöl

ZUM ANRICHTEN:

1 Handvoll Sojasprossen · Sojasauce

Reismehl, Salz, Kurkuma und Kokosmilch mit dem Handrührer zu einem glatten Teig verrühren und zum Quellen stehen lassen.
Inzwischen das Gemüse waschen und den Wurzelansatz abschneiden. Die dickeren Teile der Stiele fein, den Rest grob hacken. Knoblauch in feine Scheiben schneiden.
In einer Pfanne oder dem Wok das Erdnussöl erhitzen, den Knoblauch anbraten. Mit Zucker, Austernsauce und Sesamöl verrühren. Wenige Löffel Wasser zugeben. Den Paksoi darin in einigen Minuten gar dünsten.
Den Teig noch einmal durchrühren. In einer beschichteten Pfanne wenig Öl erhitzen und einen kleinen Schöpflöffel Teig einfüllen. Durch Schwenken der Pfanne verteilen. Wenn der Pfannkuchen an der Unterseite leicht goldbraun ist, wenden und von der anderen Seite fertigbacken. Nacheinander 8 Pfannkuchen backen.
Die Pfannkuchen mit Gemüse füllen und zusammenklappen. Mit den Sprossen garnieren und mit etwas Sojasauce beträufeln.

Gut dazu: Bier oder grüner Tee.

Tapioka-Crêpes mit Palmenherzen

In Brasilien ist man ganz verrückt nach Palmenherzen (Palmitos). Sie werden in eigens dafür angelegten Palmenplantagen gezogen.

FÜR DIE PFANNKUCHEN:

200 g Tapiokamehl · 1 TL Salz · 4 Eier
Öl zum Braten

FÜR DIE FÜLLUNG:

2 Tomaten · 2 EL Olivenöl · Salz · Pfeffer
2 kleine Dosen Palmenherzen

AUSSERDEM:
½ Bund Koriandergrün

Tapiokamehl, Salz und Eier vermischen und nach und nach soviel lauwarmes Wasser (etwa ⅜ l) unterrühren, bis ein glatter dünner Teig entsteht. Mindestens 20 Minuten quellen lassen.
Inzwischen die Tomaten überbrühen, häuten und würfeln. Das Koriandergrün hacken. Tomatenwürfel im Öl andünsten. Salzen und pfeffern. Die Palmenherzen mit einem Teil des Safts darin erwärmen.
Den Teig noch einmal durchrühren. In einer beschichteten Pfanne wenig Öl erhitzen und einen kleinen Schöpflöffel Teig einfüllen. Durch Schwenken der Pfanne verteilen. Wenn der Pfannkuchen an der Unterseite leicht goldbraun ist, wenden und in Sekundenschnelle von der anderen Seite fertigbacken. Nacheinander den ganzen Teig zu dünnen Pfannkuchen verarbeiten.
Die Pfannkuchen mit dem Gemüse füllen, zusammenrollen und mit Koriandergrün bestreuen.

Gut dazu: Bier oder Tee.

Pfannkuchen mit Avocadocreme

FÜR DIE PFANNKUCHEN:

250 g Mehl · 1 TL Salz · 4 Eier · ½ l Buttermilch
Butterschmalz oder Öl zum Braten

FÜR DIE AVOCADOCREME:

1 große Zwiebel · 3 Knoblauchzehen · 2 Tomaten
1 grüne Paprikaschote · 1 bis 2 rote Chilischoten
je nach Größe 2 bis 3 Avocados · Saft von 1 Zitrone
Salz · 1 TL gemahlener Koriander

AUSSERDEM:

einige Zweige Koriandergrün

Mehl, Salz, Eier und Buttermilch mit dem Handrührer zu einem glatten Teig verrühren. Zum Quellen stehen lassen.
Inzwischen Zwiebel und Knoblauch schälen und fein hacken. Die Tomaten überbrühen, häuten, entkernen und fein würfeln. Paprika- und Chilischoten halbieren, entkernen, von den weißen Rippen befreien und sehr fein würfeln. Die Avocados halbieren und das Fruchtfleisch zusammen mit Zitronensaft, Salz und Koriander pürieren. Das fein gehackte Gemüse unterrühren.
Den Teig noch einmal durchrühren. In einer beschichteten Pfanne wenig Butterschmalz oder Öl erhitzen und einen Schöpflöffel Teig einfüllen. Durch Schwenken der Pfanne verteilen. Wenn der Pfannkuchen an der Unterseite leicht goldbraun ist, wenden und in von der anderen Seite schnell fertigbacken. Je nach Pfannengröße 4 oder 8 Pfannkuchen backen.
Die Pfannkuchen mit der Avocadocreme bestreichen und zusammenrollen. Mit abgezupften Korianderblättchen dekorieren.

Gut dazu: Ein kühles Bier oder ein trockener Rosé aus der Provence.

Pfannkuchenröllchen mit Morcheln

Die köstlichen Spitzmorcheln gibt es nur kurze Zeit im Jahr frisch, und zwar im Frühling. Wenn Sie sie im Feinkostladen oder auf dem Markt entdecken, sollten Sie zugreifen – auch wenn sie ein nicht eben billiges Vergnügen sind. Sonst sind sie getrocknet in kleinen Tütchen erhältlich. Für beide Arten gilt: den Sand sehr sorgfältig entfernen.

FÜR DEN TEIG:

3 Eier · 50 g geschmolzene Butter
150 ml Milch · 100 g Mehl · ½ TL Salz
Butter oder Butterschmalz zum Braten

FÜR DIE PILZFÜLLUNG:

300 g frische Morcheln (z. B. hellbraune Wiesenmorcheln, ersatzweise 30–50 g getrocknete Morcheln)
0,1 l Geflügelfond · 2 EL Sherry · Salz · weißer Pfeffer
75 g eiskalte Butter

AUSSERDEM:

1 Handvoll Kerbel

Eier, geschmolzene Butter, Milch, Mehl und Salz mit dem Handrührer zu einem glatten Teig verrühren. Zum Quellen stehen lassen.

Von den Pilzen die Stiele entfernen. Die Morcheln unter fließendem Wasser sorgfältig reinigen und gut trockentupfen. Getrocknete Pilze einweichen.

In einer beschichteten Pfanne wenig Butter erhitzen, mit einem kleinen Schöpflöffel Teig eingießen und durch Schwenken der Pfanne verteilen. Wenn der Pfannkuchen an der Unterseite zart goldbraun ist, wenden und von der anderen Seite schnell fertigbacken. Auf diese Weise nacheinander 8 dünne Pfannkuchen backen und warm halten.

Den Geflügelfond mit dem Sherry erhitzen, die Morcheln darin etwa 3 Minuten gar ziehen lassen. Eingeweichte Trokkenpilze abgetropft verwenden. Die kalte Butter schnell unterrühren.
Die Pfannkuchen auf vorgewärmte Teller legen, mit den Pilzen belegen und zusammenrollen. Mit Kerbelblättchen garnieren.

Apropos Wein:
Spät- und Auslesen sind nicht zwangsläufig süß. Wenn Sie eine trockene Auslese eines Rieslings, etwa aus dem Rheingau oder auch dem Elsass finden, haben Sie den idealen Wein für dieses Gericht.

Mit Fleisch gefüllte Pfannkuchen als Hauptgericht

In diesem Kapitel finden Sie Pfannkuchengerichte, die ausgewachsene Hauptmahlzeiten mit allem Drum und Dran sind. Was fehlt, ist höchstens noch ein netter Salat als Begleiter. Weitere fleischlastige Hauptgerichte finden Sie im Kapitel *Pikante und süße »Hochstapler«*.

Speckpfannkuchen

Gut möglich, dass der »dicke, fette Pfannkuchen« aus dem Märchen ein Speckpfannkuchen war. Jedenfalls handelt es sich bei diesem hier um den Inbegriff des Nahrhaften.

FÜR DIE PFANNKUCHEN:

250 g Mehl · ½ Beutel Trockenhefe · 1 TL Zucker
1 TL Salz · 300 ml lauwarme Milch
3 Eier · 250 g durchwachsener Bauchspeck · 1 Bund Petersilie
Butterschmalz zum Braten

Mehl mit Trockenhefe, Salz und Zucker mischen und gut mit der Milch und den Eiern verrühren. An einem warmen Ort zugedeckt eine halbe Stunde gehen lassen.
Den Speck von Schwarte und Knorpelstückchen befreien und in sehr feine Würfelchen schneiden. Die Petersilie hacken.
In einer beschichteten Pfanne etwas Butterschmalz erhitzen. Ein Viertel der Speckwürfel in der Pfanne verteilen und anbraten. Wenn der Speck glasig ist, ein Viertel des Teigs darüber gießen. Wenn der Pfannkuchen an der Unterseite zart goldbraun und oben nicht mehr flüssig ist, wenden und fertigbacken. Nacheinander 4 dicke Pfannkuchen backen und mit Petersilie bestreut servieren.
Dazu gehört unbedingt ein großer, bunter Salat.

Gut dazu: Bier oder Weißburgunder.

Blinzes – gefüllte Pfannkuchen aus Israel

(siehe Foto Seite 107)

FÜR DIE PFANNKUCHEN:

250 g Kartoffelmehl · 2 Eier · 1 TL Salz
Öl zum Braten

FÜR DIE FÜLLUNG:

250 g gegartes Rind- oder Geflügelfleisch
1 große oder 2 kleine Zwiebeln
1 EL Öl · ½ TL Salz · schwarzer Pfeffer
1 Msp scharfes Paprikapulver · 1 Ei

Kartoffelmehl mit Eiern und Salz verrühren, dabei nach und nach soviel lauwarmes Wasser zugießen, dass ein dünnflüssiger Teig entsteht. 30 Minuten quellen lassen.
Inzwischen das Fleisch durch die feinste Scheibe des Fleischwolfs drehen oder in der Moulinette fein hacken. Zwiebeln fein hacken und im Öl andünsten.
Das Fleisch mit Zwiebeln, Salz, Pfeffer, Paprika und Ei vermischen.
In einer beschichteten Pfanne wenig Öl erhitzen. Einen kleinen Schöpflöffel Teig einfüllen und durch Schwenken der Pfanne verteilen. Braten, bis die Oberseite fest ist (nicht wenden!).
Die ungebackene Seite der Pfannkuchen mit der Fleischfüllung bestreichen. Die Pfannkuchen zweimal zusammenklappen. Die gefüllten Pfannkuchen von beiden Seiten im Öl goldbraun braten.

Gut dazu: Wenn Sie das Glück haben, einen Wein aus Israel zu erwischen, sollten Sie unbedingt zugreifen. Zu den Blinzes passt gleichermaßen roter oder weißer.

Blinzes – gefüllte Pfannkuchen aus Israel (Rezept Seite 106)

Kümmelpalatschinken mit Kalbsgulasch

Palatschinken sind die österreichische Version feiner, gefüllter Pfannkuchen. Hier einmal keine süße …

FÜR DIE PALATSCHINKEN:

1 Ei · 100 ml Schlagrahm · 100 ml Mineralwasser
150 g Mehl · 1 TL Salz
1 TL gemahlener Kümmel · Butterschmalz zum Braten

FÜR DAS GULASCH:

800 g Kalbfleisch aus der Schulter · 2–3 Zwiebeln
80 g Butter-, Schweine- oder Gänseschmalz
1 EL Paprikapulver edelsüß · 3 hellgrüne Spitzpaprikaschoten
2 Tomaten · Salz

AUSSERDEM:

200 g saure Sahne · 2 EL Schnittlauchröllchen

Aus den angegebenen Zutaten einen flüssigen Pfannkuchenteig herstellen und ca. 30 Minuten zum Quellen stehen lassen. Das Fleisch in Häppchengröße zurechtschneiden. Die Zwiebeln in hauchfeine Ringe schneiden. In einem breiten Topf das Fett zerlassen und die Zwiebelringe darin glasig dünsten. Das Paprikapulver über die Zwiebeln streuen, einmal kräftig umrühren und sofort mit einer Kelle Wasser aufgießen; weiterrühren. Wenn das Wasser verkocht ist, das Fleisch mitschmoren.
Die Paprikaschoten von Stielansatz und Samensträngen befreien und in feine Streifen schneiden. Die Tomaten überbrühen und häuten. Paprikastreifen und Tomaten auf das Fleisch legen, so dass sie nicht kochen, sondern dämpfen. Im geschlossenem Topf etwa 30 Minuten garen. Ab und zu nach-

sehen. Wenn nötig, ein wenig Wasser nachgießen, damit nichts anbrennt.
Während das Gulasch vor sich hinköchelt, die Palatschinken zubereiten: Wenig Butterschmalz in einer beschichteten Pfanne erhitzen und nacheinander je nach Pfannengröße 8 oder 12 dünne Pfannküchlein backen.
Die Palatschinken jeweils mit einem Löffel Gulasch belegen, aufrollen und mit etwas saurer Sahne und Schnittlauchröllchen servieren.

Gut dazu: Wer kein Bier mag, trinkt eben Grünen Veltliner.

Eierkuchen mit Filet und Kräutern

(siehe Foto Seite 89)

Feines Rinderfilet in Eierkuchen, das Ganze mit fernöstlichen Aromen gewürzt – ein leckeres, gästetaugliches Hauptgericht, das Sie gut vorbereiten können.

FÜR DIE FÜLLUNG:

600 g Rinderfilet · 2 Frühlingszwiebeln · 2 Knoblauchzehen
Saft von 1 ½ Limetten · 1 TL Salz
1 TL Zucker · Öl zum Braten
jeweils 1 Handvoll Kerbel, Basilikum und Koriandergrün

FÜR DIE EIERKUCHEN:

180 g Mehl · 3 Eier · 3 EL Erdnuss- oder Sonnenblumenöl
Öl zum Braten

FÜR DIE SAUCE:

2 EL Pflaumensauce aus dem Glas (gibt's im Asienladen)
2 EL Sojasauce · 1 Stück Ingwer von etwa 2 cm
Saft von ½ Limette

Das Fleisch waschen, trockentupfen und in schmale Streifen, die Frühlingszwiebeln in dünne Ringe schneiden, den Knoblauch fein hacken. Das Fleisch in einer Schüssel mit Zwiebelringen, Knoblauch, Limettensaft, Salz und Zucker vermischen und einige Stunden im Kühlschrank ziehen lassen.
Mehl mit Eiern, Öl sowie ⅜ l lauwarmem Wasser verrühren und 30 Minuten zum Quellen stehen lassen.
Inzwischen die Kräuter waschen und die Blättchen von den Stielen zupfen. Für die Sauce Pflaumen- und Sojasauce mit Limettensaft verrühren. Den Ingwer schälen, fein reiben und hineinrühren.
In einer beschichteten Pfanne wenig Öl erhitzen und einen

kleinen Schöpflöffel Teig hineingießen. Nacheinander 12 dünne Pfannkuchen backen und warm stellen.
Das Fleisch in einer großen Pfanne wenige Minuten braten. Fleisch und Kräuter auf die Pfannkuchen verteilen, Je drei gefüllte Pfannkuchen auf einen Teller legen und mit etwas Sauce beträufeln.

Gut dazu: Wenn's kein Bier sein soll – wie wär's mit einem Gewürztraminer?

Pfannkuchen Bolognese

Für die Pfannkuchen:

1 Ei · 150 g Mehl · 100 ml lauwarme Milch
100 ml Mineralwasser
Salz · 50 g geriebener Parmesankäse

Für die Sauce Bolognese:

30 g durchwachsener Räucherspeck oder Pancetta
1 Zwiebel · 2 Knoblauchzehen
2 EL Olivenöl · 2 EL Butter · 1 Selleriestange
1 Karotte · 250 g gemischtes Hackfleisch
3 mittelgroße Tomaten · 1/2 Glas trockener Weißwein
Salz · Pfeffer · 1/8 l Hühner- oder Gemüsebrühe
2 EL Tomatenmark

Ausserdem:

2 EL gehackte Petersilie · etwas geriebener Parmesan
Olivenöl oder Butterschmalz zum Braten

Aus Ei, Mehl, Milch, Mineralwasser, Salz und Käse einen Pfannkuchenteig bereiten und etwa 30 Minuten zum Quellen stehen lassen.

Speck, Zwiebel und Knoblauch fein würfeln. In einer großen Pfanne oder einem breiten Topf das Öl und die Butter erhitzen und darin Speck, Zwiebel und Knoblauch anbraten. Den Sellerie in ganz feine Scheibchen schneiden. Die Karotte schälen und erst in dünne Scheiben, diese in schmale Streifen und die wiederum in winzige Würfel schneiden. Karotte und Sellerie mitbraten.

Das Hackfleisch ebenfalls mitbraten, dabei mit einem hölzernen Kochlöffel gut zerdrücken. Die Tomaten überbrühen, häuten, entkernen und mit in die Pfanne geben. Mit dem Weißwein aufgießen. Salzen, pfeffern und die Brühe dazugießen. Kräftig durchkochen.

In einer Pfanne Öl oder Butterschmalz erhitzen, nacheinander je nach Pfannengröße 8 oder 12 dünne Pfannkuchen (Crespelle) backen und warm stellen.
Die Pfannkuchen auf Teller verteilen, auf jeden einen Löffel von der Sauce häufen und die Crespelle übereinanderklappen. Mit der Petersilie bestreuen.
Wer möchte, kann noch etwas Parmesan dazugeben oder auch die gefüllten Pfannkuchen einige Minuten mit etwas Parmesan im Backofen gratinieren.

Gut dazu: Weiß- (z. B. Nosiola) oder Rotwein (z. B. Teroldego) aus dem Trentino.

Maispfannkuchen mit Chili con carne

FÜR DIE PFANNKUCHEN:

100 g Maismehl · 50 g Weizenmehl · $^{1}/_{2}$ TL Backpulver
1 gestrichener TL Salz · 1 Ei
Erdnuss- oder Sonnenblumenöl zum Braten

FÜR DAS CHILI:

2 Zwiebeln · 2 Knoblauchzehen · 2 Karotten
2 Selleriestangen · 1 rote Paprikaschote
1 oder mehrere Chilischoten – je nach Verträglichkeit
3 große Tomaten · 2 EL Öl
500 g Rinderhack · 1 Dose Kidneybohnen
Salz · Pfeffer · 4 EL Tomatenmark
$^{1}/_{4}$ l Fleisch- oder Gemüsebrühe

AUSSERDEM:

1 Bund Koriandergrün oder Petersilie

Maismehl, Mehl, Salz und Backpulver mischen, mit dem Ei und $^{1}/_{4}$ l lauwarmem Wasser verrühren und 20 Minuten ausquellen lassen.
Inzwischen Zwiebeln und Knoblauch schälen und fein hacken. Die Karotten schälen und fein würfeln (erst in Scheiben, dann in Streifen, schließlich in Würfelchen schneiden). Paprika und Chilischoten längs halbieren, von Stielansatz und Samensträngen befreien und in feine Streifen schneiden. Die Tomaten überbrühen, häuten und grob zerkleinern.
Das Öl in einer großen Pfanne erhitzen. Zwiebel und Knoblauch darin andünsten, nach wenigen Minuten das Fleisch zufügen und kräftig anbraten. Karotten, Paprika und Chili zugeben, salzen, pfeffern.
Als nächstes die Tomaten hinzufügen und etwas von der Brühe

angießen – gerade soviel, dass das Chili nicht anbrennen kann, aber auch nicht suppig wird.
Wenn das Fleisch durchgebraten und das Gemüse gar ist, als letztes die abgetropften Bohnen zufügen und noch wenige Minuten mitköcheln.
Den Pfannkuchenteig noch einmal durchrühren und in heißem Öl nacheinander 4 knusprige Pfannkuchen backen. Auf vorgewärmte Teller legen und das Chili darauf häufen. Mit gehacktem Koriander bestreuen.

Gut dazu: Ein helles Bier.

Hefepfannkuchen mit Geflügelleber

FÜR DIE PFANNKUCHEN:

250 g Mehl · ½ Beutel Trockenhefe · 1 Prise Salz
1 TL Zucker · 375 ml lauwarme Milch
2 Eier · Butterschmalz zum Braten

FÜR DIE FÜLLUNG:

1 Zwiebel · 1 EL Butterschmalz · 250 g Geflügelleber
1 TL Mehl · 2 EL Balsamico-Essig
1 Lorbeerblatt · 2 Tomaten · Salz · Pfeffer · 2 EL Crème fraîche

AUSSERDEM:

2 EL gehackte Petersilie zum Bestreuen

Mehl, Trockenhefe, Salz und Zucker vermischen und mit der Milch und den Eiern sehr gut verrühren. An einem warmen Ort zugedeckt etwa 30 Minuten gehen lassen.
Inzwischen die Zwiebel schälen, fein hacken und im Butterschmalz andünsten. Die Geflügelleber in mundgerechte Häppchen schneiden und mit anbraten. Ganz wenig Mehl darüber stäuben und mit dem Balsamico ablöschen. Das Lorbeerblatt einmal abknicken und mitköcheln. Die Tomaten überbrühen, häuten und mitkochen. Mit Salz und Pfeffer abschmecken, Crème fraîche unterrühen. Garzeit für die Leber insgesamt: etwa 10 Minuten. Schneiden Sie ein Stückchen auseinander: Die Leber sollte gerade eben durch sein.
In einer Pfanne etwas Butterschmalz erhitzen und nacheinander 4 Pfannkuchen backen.
Die Pfannkuchen auf vorgewärmte Teller legen und mit der Leber anrichten. Mit gehackter Petersilie bestreuen.

Gut dazu: Ein eleganter Chardonnay.

Omelett mit Pfifferlingen und Speck

(siehe Foto Seite 133)

Für 1 Person:

100 g frische Pfifferlinge · 75 g durchwachsener Räucherspeck
1 kleine Zwiebel · 20 g Butter
1 EL gehackte Petersilie · 2 große oder 3 kleine Eier
Salz · Pfeffer

Die Pilze putzen, wenn nötig waschen und trockentupfen. Größere Pilze zerteilen.
Den Räucherspeck und die Zwiebel fein hacken. Die Butter in einer Pfanne zerlassen und Speck und Zwiebeln darin glasig andünsten.
Die Pfifferlinge zufügen und 3 Minuten mitbraten. Die Hälfte der Petersilie unterrühren.
Die Eier verquirlen, salzen, pfeffern und über die Pilze gießen. Bei schwacher Hitze stocken lassen.
Das fertige Omelett auf einen Teller gleiten lassen und mit der restlichen Petersilie bestreuen.

Gut dazu: Am besten Bier, aber auch ein kräftiger Rotwein wie etwa ein Cabernet Sauvignon.

Crespelle mit Wildschweinragout

So ein Wildschweinragout wird in Italien gern zu Bandnudeln (Pappardelle) gegessen. Zu hauchdünnen Pfannküchlein passt es aber auch ganz wunderbar.

FÜR DIE CRESPELLE:

1 Ei · 200 g Mehl · 1/8 l lauwarme Milch · 1/8 l Mineralwasser
1 TL Salz · Butterschmalz zum Braten

FÜR DAS RAGOUT:

1 Zwiebel · 2 Knoblauchzehen · 3 EL Olivenöl
3 Lorbeerblätter · 5 Wacholderbeeren
1 Msp Zimt · 600 g Hackfleisch vom Wildschwein
3 Tomaten · 1 Glas kräftiger Rotwein
1/4 l Hühner- oder Gemüsebrühe · Salz · Pfeffer

AUSSERDEM:

2 EL gehackte Petersilie

Aus Ei, Mehl, Milch, Mineralwasser und Salz einen Pfannkuchenteig rühren und zum Quellen stehen lassen.
Inzwischen Zwiebel und Knoblauch hacken und in einem breiten Topf im Öl andünsten. Die Lorbeerblätter knicken und dazulegen. Die Wacholderbeeren und den Zimt zufügen.
Wenn die Zwiebeln schön weich und glasig sind, die Wacholderbeeren wieder herausnehmen. Das Fleisch in den Topf füllen und mit dem Kochlöffel zerdrücken.
Die Tomaten überbrühen, häuten, entkernen und zum Fleisch geben. Mit Rotwein ablöschen. Das Ragout insgesamt 1 1/2 Stunden köcheln lassen, dabei immer wieder umrühren und nach und nach die Brühe zugießen.
Nach einer Stunde Kochzeit können Sie sich an die Pfannkuchen machen: Etwas Butterschmalz in einer beschichteten Pfanne erhitzen, nacheinander je nach Pfannengröße 8 oder 12 sehr dünne Pfannkuchen backen und warm stellen.

Das fertige Ragout mit Salz und Pfeffer abschmecken, mit den Pfannkuchen anrichten und mit Petersilie bestreuen.

Gut dazu: Ein kräftiger, wuchtiger Rotwein.

Crespelle di Parma

In Parma sind die unerschütterlichen Säulen der italienischen Küche, Parmaschinken und Parmesan-Käse, beheimatet. Beide zusammen kommen auf den zarten Pfannküchlein bestens zur Geltung.

FÜR DIE CRESPELLE:

125 g Mehl · ½ TL Salz · 100 g frisch geriebener Parmesan
4 Eier · 200 ml Milch · Pfeffer
Butterschmalz zum Braten

AUSSERDEM:

200 g Parmaschinken in dünnen Scheiben
Basilikumblätter zum Dekorieren

Mehl, Salz und Parmesan mit Eiern und Milch zu einem glatten Teig verrühren. Nach Belieben mehr oder weniger kräftig mit Pfeffer würzen. 30 Minuten stehen lassen.
In einer beschichteten Pfanne wenig Butterschmalz zerlassen, einen kleinen Schöpflöffel Teig einfüllen und durch Schwenken der Pfanne verteilen. Wenn der Pfannkuchen unten schön goldbraun ist, wenden und fertigbacken.
Auf diese Weise den ganzen Teig zu Pfannküchlein verarbeiten. Die Crespelle zusammen mit dem Parmaschinken anrichten und mit Basilikumblättchen dekorieren.

Gut dazu: Norditalien liefert den passenden – roten oder weißen – Wein für die Crespelle.

Gratinierte Crêpes mit Lammhack und Schafkäse

Lamm ist so ziemlich das Gesündeste, was es an Fleisch gibt: Artgerechte Tierhaltung ist beim Lamm noch selbstverständlich, und das Futter bekommt es nicht aus dubiosen Fabriken geliefert, das wächst vielmehr zu seinen Füßen.

FÜR DIE PFANNKUCHEN:

100 g Mehl · ½ TL Salz · 1Msp gemahlener Kreuzkümmel
125 ml Milch · 100 ml Mineralwasser
Olivenöl zum Braten

FÜR DIE FLEISCHFÜLLUNG:

1 Zwiebel · 3 Knoblauchzehen · 200 g Karotten
1 grüne Paprikaschote · 4 EL Olivenöl
400 g Lammhack · 3 Tomaten · Salz · Pfeffer · Kreuzkümmel

ZUM ÜBERBACKEN:

3 EL Olivenöl · 200 g Schafkäse

AUSSERDEM:

einige Zweige Minze · Petersilie und Koriandergrün

Die Zutaten für den Teig gut miteinander verrühren und zum Quellen stehen lassen.
Inzwischen Zwiebel und Knoblauch fein hacken. Die Karotten schälen und in winzige Würfelchen schneiden. Die Paprika halbieren, entkernen, von den weißen Rippen befreien und in sehr feine Streifen schneiden.
In einer großen Pfanne das Öl erhitzen und darin Zwiebel, Knoblauch, Karotten und Fleisch anbraten. 10 Minuten braten, dabei immer wieder umrühren. Die Paprika zufügen. Wenig Wasser zugießen, gerade soviel, dass nichts anbrennt. Die To-

maten halbieren und mitköcheln lassen. Kräftig mit Salz, Pfeffer und Kreuzkümmel würzen.
Den Teig noch einmal durchrühren und in einer beschichteten Pfanne wenig Öl erhitzen. Einen kleinen Schöpflöffel Teig eingießen, durch Schwenken der Pfanne verteilen. Sobald die Unterseite goldbraun ist, wenden und kurz fertigbacken. Auf diese Weise den ganzen Teig in dünne Pfannküchlein verwandeln.
Backofen auf 200 ° vorheizen. Eine rechteckige feuerfeste Form mit Öl auspinseln. Die Crêpes mit je einem Löffel der Fleischsauce bestreichen, zusammenrollen und in die Form legen.
Den Schafkäse über die Pfannkuchen bröseln. Mit dem restlichen Öl beträufeln und etwa 10 Minuten im Backofen oder unter dem heißen Grill gratinieren.
Mit den Kräutern garnieren.

Gut dazu: Im Süden oder Südwesten Frankreichs werden Sie fündig, wenn Sie den passenden Wein zu den Crêpes suchen – etwa mit einem Merlot aus dem Bergerac.

Crêpes mit marinierter Putenbrust und Shiitake-Pilzen

FÜR DIE FÜLLUNG:

400 g Putenbrust · 1 Stück Ingwer
Saft von ½ Zitrone · 2 EL Sojasauce
2 EL Mirin (süßer japanischer Reiswein)
250 g Shiitake Pilze
3 EL Öl · 100 g Sojasprossen
Salz · Cayennepfeffer

FÜR DIE CRÊPES:

100 g Mehl · ½ TL Salz · 5 Eier
Öl oder Butterschmalz zum Braten

AUSSERDEM:

50 g Sesamsaat

Die Putenbrust in dünne Streifen von etwa 4 cm Länge zurechtschneiden und in eine Schüssel legen. Den Ingwer schälen und über das Fleisch reiben. Zitronensaft, Sojasauce und Mirin darüber gießen. Gut vermischen und zugedeckt ziehen lassen.

Inzwischen Mehl, Salz und Eier verrühren und unter Rühren soviel lauwarmes Wasser (etwa ³/₈ l) zugießen, dass ein glatter, dünner Teig entsteht. Zum Quellen stehen lassen.

In einer kleinen Pfanne ohne Zugabe von Fett die Sesamsaat rösten, bis sie angenehm duftet.

Die Pilze säubern. In einer Pfanne oder einem Wok das Öl erhitzen. Das Fleisch darin kräftig anbraten. Nach etwa 2 Minuten die Pilze zufügen und weitere 2 Minuten mitgaren. Zuletzt die Sprossen ganz kurz miterhitzen. Mit Salz und Cayennepfeffer abschmecken. Warm stellen.

Den Teig noch einmal durchrühren. In einer beschichteten Pfanne wenig Öl erhitzen und einen kleinen Schöpflöffel Teig

einfüllen. Durch Schwenken der Pfanne verteilen. Sobald die Unterseite eine nette goldbraune Farbe hat, umdrehen und in Sekundenschnelle fertigbacken. So den ganzen Teig zu Crêpes verarbeiten.
Das Fleisch auf den Crêpes verteilen, zusammenrollen und mit Sesam bestreuen.

Gut dazu: Tee oder Pils.

Omelett Rossini (mit Leberpüree)

Gioacchino Rossini war nicht nur ein großartiger Komponist, sondern ein ebenso begnadeter Koch und Feinschmecker. Wir verdanken ihm dieses köstliche Omelett.

FÜR DIE FÜLLUNG:
1 Zwiebel · 400 g Geflügel- oder Kalbsleber
(ich kann nur immer wieder empfehlen,
Fleisch beim Bio-Metzger zu besorgen)
3 EL Butter · Salz · Pfeffer · 1 EL Mehl · 2 EL Cognac
einige Löffel Fleisch- oder Gemüsebrühe zum Pürieren

FÜR DIE OMELETTS:
12 Eier · 3 EL Sahne · Salz · Pfeffer
Butter zum Braten

FÜR DIE SAUCE:
4 Eigelb · 200 g Butter · 1 kleines Glas schwarze Trüffel
Salz · Pfeffer

AUSSERDEM:
Butter für die Form

Zuerst das Leberpüree zubereiten: Die Zwiebel hacken und die Leber in Stückchen schneiden. Beides in der Butter etwa 10 Minuten sanft braten, salzen, pfeffern und mit dem Mehl bestäuben. Mit dem Cognac ablöschen.
Das Leberragout im Mixer pürieren und nur soviel Brühe zugeben, dass ein geschmeidiges, aber nicht zu dünnes Püree entsteht.
Für die Omeletts Eier und Sahne verquirlen, salzen und pfeffern. In einer beschichteten Pfanne nacheinander 4 Omeletts braten und warm halten.
Für die Sauce die Eigelbe im Wasserbad verrühren und die Butter nach und nach unterschlagen. Salzen und pfeffern. Die

Trüffel fein hacken und zusammen mit der Flüssigkeit aus dem Glas unter die fertige Sauce heben.
Eine feuerfeste Form buttern. Die Omeletts mit dem Leberpüree füllen und zusammenrollen. In die Form legen und mit der Sauce überziehen.
Unter dem heißen Grill kurz überbacken.

Apropos Wein:
»Wenn schon, denn schon« ist die Devise für dieses Gericht. Also gehört dazu ein eher wuchtiger Rotwein der feinen Art. Das kann ein älterer großer Bordeaux sein, beispielsweise ein *Pomerol*, ein Burgunder wie *Nuits Saint Georges*, aber natürlich auch einer der großen Italiener – schließlich war Rossini Italiener – wie eine Riserva von *Barolo* oder ein *Brunello di Montalcino*.

Tortillas – spanische Omeletts und Tapa-Happen

Tortilla francesa

✶

Kartoffel-Tortilla

✶

Spargel-Tortilla

✶

Krabben-Tortilla

✶

Tortilla mexikanisch

✶

Blue-Corn-Tortilla mit Ziegenkäse

✶

Mexikanisches Omelett

✶

Tortilla mit scharfem Avocado-Dip

Die Tortilla, das traditionelle spanische Omelett, ist vor allem bei Tapa-Aficionados beliebt. Sie läßt sich zwar auch gut frisch und heiß aus der Pfanne essen, kommt jedoch viel häufiger abgekühlt, in Stückchen geschnitten, zusammen mit anderen pikanten Kleinigkeiten und einem kräftigen Wein auf den Tisch.

Tortilla francesa

»Französische Tortilla« nennen die Spanier eine zarte Variante ihrer Tortilla. Sie enthält weder Kartoffeln noch Zwiebeln, sondern neben Eiern und Salz nur reichlich Petersiile. Wie die Kartoffeltortilla ist auch die »französische« Version eine köstliche Beigabe zu Wein, Sherry oder Sangría. Und sie ist schnell gemacht.

1 Bund Petersilie · 6 Eier · Salz · Pfeffer
Öl oder Butterschmalz zum Braten

Die Petersilie fein hacken und in einer Schüssel mit den Eiern verquirlen. Kräftig salzen und pfeffern. In einer großen Pfanne, je nachdem ob es sich um eine gußeiserne oder um eine beschichtete Pfanne handelt, einen oder mehrere EL Öl erhitzen. Die Eiermasse in die heiße Pfanne füllen und stocken lassen. Wenn die Oberfläche der Tortilla nicht mehr flüssig ist, wenden Sie sie mit Hilfe eines Tellers und backen sie von der anderen Seite in wenigen Minuten zu Ende.

Apropos Wein:
Die Tortilla lauwarm oder kalt in Stückchen schneiden und beispielsweise zu einem Medium-Sherry naschen.

Kartoffel-Tortilla

Dieses urtümliche Omelett scheint zwar von schlichter Machart, es will aber sorgfältig zubereitet sein – und braucht auch seine Zeit.

250 g Kartoffeln · 1 Zwiebel · 2 Knoblauchzehen
2 EL Oliven- oder Rapsöl
6 Eier · Salz · Pfeffer · Öl
Butter- oder Schweineschmalz zum Braten

Die Kartoffeln schälen und in ganz dünne Scheiben scheiden oder hobeln. Zwiebel und Knoblauch schälen, halbieren und in sehr dünne Scheiben schneiden. Das Öl in einer großen Pfanne erhitzen, die Kartoffelscheiben einfüllen und leicht salzen. Zwiebel und Knoblauch auf den Kartoffeln verteilen. Bei schwacher Hitze langsam weich dünsten. Das braucht gut und gern 15 bis 20 Minuten.
Die gegarte Kartoffel-Zwiebel-Mischung etwas abkühlen lassen. Die Eier in einer großen Schüssel mit reichlich Salz und Pfeffer verquirlen. Die Kartoffeln mit den Eiern vermischen. In einer großen Pfanne – entweder eine schwere Eisenpfanne oder eine beschichte – Bratfett zerlassen: mehrere Eßlöffel davon in einer Eisenpfanne, nur einen Löffel in einer beschichteten. Das Fett sehr heiß werden lassen und die Omelettmasse einfüllen.
Wenn nach etwa 8 bis 10 Minuten die Eier gestockt sind, das Omelett mit Hilfe eines großen Tellers wenden. Von der anderen Seite in wenigen Minuten fertigbacken.
Die Tortilla abkühlen lassen und in dünne Tortenscheiben oder noch kleinere Stücke schneiden.
Für ein Büfett die Stücke jeweils mit einem Holzspießchen versehen.

Variante:
Ein Bund Petersilie, die gehackt und dem Teig zugefügt wird, bereichert die Tortilla geschmacklich und optisch.

Gut dazu: Man sucht nicht den Wein zur Tortilla, sondern knabbert die Tortilla zum Aperitif, z. B. Sherry.

Spargel-Tortilla

In Spanien ist Grünspargel die beliebtere Spargelsorte. Sehr gern wird auch Wildspargel gegessen, der wie ein sehr filigraner Grünspargel aussieht, in Wirklichkeit aber gar kein richtiger Spargel ist.

500 g grüner Spargel oder Wildspargel · Salz · 6 Eier · Pfeffer
Öl oder Schmalz zum Braten

Den Spargel waschen und die holzigen Enden abschneiden. Die Spargelstangen in etwa 4 cm lange Stücke schneiden und etwa 5 Minuten in Salzwasser garen. Abgießen und abtropfen lassen.
Die Eier in einer Schüssel verquirlen, salzen und pfeffern. Mit dem Spargel mischen. In einer gußeisernen oder einer beschichteten Pfanne Öl erhitzen – ein Löffel für die beschichtete, etwa drei für die Eisenpfanne – und die Eiermischung einfüllen. Die Tortilla stocken lassen und, sobald keine flüssigen Stellen mehr zu sehen sind, behutsam mit Hilfe eines großen Tellers wenden und von der anderen Seite in wenigen Minuten fertigbraten.

Apropos Wein:
Diese Tortilla schmeckt, lauwarm oder kalt in Stücke geschnitten, als Snack zu Weißweinen mit wenig Säure, beispielsweise zu einem *Blanco Albariño* aus dem Anbaugebiet Rías Baixas im nordwestlichen Spanien.

Krabben-Tortilla

Krabben und Knoblauch sind ein in Spanien besonders geliebter Geschmacksakkord. Verwenden Sie für dieses Rezept eine kleine Krabbensorte – und Knoblauch, soviel Sie mögen.

Etwa 3 Knoblauchzehen · 1 EL Butter · 150 g gekochte Krabben
6 Eier · Salz · Pfeffer
Öl oder Schmalz zum Braten

Die Knoblauchzehen schälen, in feine Scheibchen schneiden und in der Butter dünsten. Knoblauch, Krabben und Eier vermischen, salzen und pfeffern.
In einer Eisenpfanne oder einer beschichteten Pfanne ausreichend Öl erhitzen (1 EL in der beschichteten, etwa 3 EL in der Eisenpfanne) und die Eiermischung hineinfüllen.
Die Tortilla stocken lassen und, sobald sie oben nicht mehr flüssig ist, mit Hilfe eines Tellers wenden und in wenigen Minuten von der zweiten Seite fertigbraten.
Lauwarm oder kalt in Stücke schneiden und als Snack anbieten.

Gut dazu: Ein fruchtiger Chardonnay.

Tortilla mexikanisch

Hier eine einfache Tortilla aus Weizenmehl. Sie können sie als Beilage etwa zu einem Chili reichen oder sie mit einer scharfen Fleisch- oder Gemüsefüllung aufrollen. Um sie zu backen, sollten Sie unbedingt eine beschichtete Pfanne nehmen.

Für 10 Stück:

200 g feines Weizenmehl · 1 TL Salz
lauwarmes Wasser

Mehl und Salz miteinander vermischen und mit lauwarmem Wasser zu einem nicht zu festen Teig verkneten (oder von der Küchenmaschine kneten lassen). Sie brauchen dafür etwa 100 bis 120 ml Wasser.
So lange kneten, bis der Teig nicht mehr klebrig ist. Dann auf einer bemehlten Arbeitsfläche 10 runde Fladen in Größe des Pfannenbodens ausrollen. Nacheinander ohne Fett in einer beschichteten Pfanne von beiden Seiten goldgelb backen.

Tipp: Halten Sie den Teig zunächst lieber etwas weicher. Es ist leichter, einen weichen Teig mit Mehl fester zu machen, als einen zu festen Teig mit Wasser wieder weich zu kriegen.

Omelett mit Pfifferlingen und Speck (Rezept Seite 117)

Blue-Corn-Tortilla mit Ziegenkäse

Blue Corn ist der blaue Mais, der in Mexiko recht populär ist. Es gibt einige mexikanische Spezialitätenhandlungen, die dieses blaue Mehl anbieten und auf Anfrage auch bundesweit versenden.
So eine Tortilla mit Käsebelag nennen die Mexikaner *Quesadilla*.

FÜR DIE TORTILLAS:

1 Ei · 150 ml Milch · 75 g Mehl · 75 g Blue-Corn-Mehl
1 TL Pflanzenöl · ½ TL Salz · Butter zum Braten

FÜR DEN BELAG:

4 Frühlingszwiebeln · 150 g Ziegenfrischkäse

Eier, Milch, die beiden Mehlsorten, Öl und Salz zu einem glatten Teig rühren und wenigstens 20 Minuten quellen lassen.
Inzwischen das Weiße und das helle Grün der Frühlingszwiebeln in feine Ringe schneiden. Den Ziegenkäse zerkrümeln.
Wenig Butter in einer beschichteten Pfanne erhitzen und einen kleinen Schöpflöffel Teig einfüllen. Durch Schwenken der Pfanne gleichmäßig verteilen. Wenn die Unterseite zart gebräunt und die Oberseite trocken ist, wenden und in Sekundenschnelle fertigbacken. Auf die gleiche Weise aus dem ganzen Teig Tortillas backen.
In der Pfanne anschließend mit etwas Butter die Frühlingszwiebeln etwa 1 Minute garen und herausnehmen. Zwiebelchen und Käse auf den Tortillas verteilen und halbmondförmig übereinanderklappen.
Die gefüllten Tortillas noch einmal mit etwas Butter braten, bis der Käse weich ist.

Gut dazu: Eine scharfe mexikanische Salsa. Als Getränk passt am besten ein Bier.

Mexikanisches Omelett

Von der Konsistenz so zart, dass es auf der Zunge zergeht – dabei aber höllisch scharf: die mexikanische Spielart des Omeletts.

1 rote Paprikaschote · 1 Chilischote · 1 EL Öl · 6 Eier
Salz · ½ Bund Koriandergrün · Öl zum Braten

Die Paprikaschote waschen, der Länge nach halbieren, von Stielansatz, Kernen und weißen Rippen befreien und in feine Würfel schneiden. Die Chilischote ebenso präparieren, ist im Prinzip das gleiche, nur alles eben eine Nummer kleiner – und schärfer.

Paprika und Chili etwa 5 Minuten in Öl dünsten, etwas abkühlen lassen und mit Eiern und Salz vermischen.

In einer beschichteten Pfanne 1 EL Öl erhitzen und die Eiermischung einfüllen. Stocken lassen. Inzwischen den Koriander waschen und die Blättchen von den Stengeln zupfen. Wenn das Omelett oben nicht mehr flüssig ist, mit Hilfe eines Tellers wenden und von der anderen Seite noch wenige Minuten backen.

Das Omelett mit dem Koriander bestreut servieren.

Gut dazu: Ein schönes kühles Bier.

Tortilla mit scharfem Avocado-Dip

Ein sanft gewürztes Omelett, das erst durch den feurigen Dip richtig Temperament bekommt.

FÜR DAS OMELETT:

6 Eier · Salz · 1 Msp Kurkuma
Öl oder Butterschmalz zum Braten

FÜR DEN AVOCADO-DIP:

1 Avocado · Saft von ½ Zitrone · 2 Knoblauchzehen
Chilipulver · Salz

Die Eier verquirlen und mit Salz und Kurkuma würzen. In einer beschichteten Pfanne sehr wenig Fett erhitzen und die Eier darin von beiden Seiten stocken lassen.
Während das Omelett abkühlt, bereiten Sie den Dip zu: Die Avocado schälen und in einer kleinen Schüssel zerdrücken. Den Zitronensaft dazurühren, den Knoblauch gepreßt oder sehr fein gehackt zugeben. Mit Chilipulver – je nachdem wie Sie's mögen oder vertragen, eine Messerspitze oder auch mehr – und Salz abschmecken.
Das abgekühlte Omelett in Stückchen schneiden, die mit Holzspießchen in die Avocadocreme gestippt werden.

Gut dazu: Ein Hefeweißbier.

Frittata – die italienische Schwester der Tortilla

Frittata mit Parmesan

✶

Garnelen-Frittata

✶

Zwiebel-Frittata

✶

Artischocken-Frittata

✶

Frittata mit Spaghetti

✶

Frittata mit Tomaten, Mozzarella und Basilikum

✶

Frittata mit Sardellen und Kapern

✶

Frittata mit Krabben und grünem Spargel

Mit der österreichischen Frittate ist die italienische Frittata insofern verwandt, als es sich bei beiden um gebratene Eierspeisen handelt. Allerdings ähnelt sie bei näherer Betrachtung eher der spanischen Tortilla. Wie sie ist die Frittata ein Omelett von rustikaler Beschaffenheit und enthält wie das Omelett kein Stäubchen Mehl.
Während Crêpes so dünn wie möglich und Schaumomeletts so luftig sein möchten wie es nur irgend geht, ist die Frittata von keinerlei derartigem Ehrgeiz beseelt. Eine Frittata will sättigen und dabei gut schmecken. Ist sie erst einmal fertig, ist sie dafür auch entschieden strapazierfähiger als ein sensibles Omelett. Sie schmeckt kalt ebensogut wie warm, gereicht Antipasti-Tellern zum Vorteil, und sie ist ein wunderbarer Begleiter für jedes Picknick. Die Frittata passt sich allen Gelegenheiten und den unterschiedlichsten Getränken an.
Bei der Frittata kommen alle Zutaten, die die fertige Speise bestimmen, gleich von Anfang an in den Teig. Das macht die Zubereitung denkbar einfach, den Teig allerdings etwas schwer, d. h. er läßt sich nicht so einfach durch In-die-Luft-Werfen wenden. Ein weitere empfehlenswerte Zubereitungsmethode: die heiße Pfanne in den vorgeheizten Backofen stellen. Dazu darf die Pfanne natürlich keine Kunststoffgriffe haben! Oder: Sie brutzeln auf dem Herd den Teig von einer Seite und übergrillen anschließend das Ganze.

Frittata mit Parmesan

Die zarteste Variante der Frittata, die einem Käse-Omelett, wie wir es kennen, doch sehr nahe kommt.

6 Eier · Salz · schwarzer Pfeffer
100 g frisch geriebener Parmesan
1 EL Butter zum Braten

Eier, Salz, Pfeffer und Käse gut miteinander vermischen. Dazu reicht als Handwerkszeug eine Gabel. Schlagen Sie die Eiermasse nicht mit dem Elektroquirl auf, sie würde dadurch schaumig, was bei einer Frittata gar nicht erwünscht ist.
Die Butter in einer großen, möglichst beschichteten Pfanne erhitzen, bis sie zu schäumen beginnt. Die Eiermasse einfüllen, die Hitze reduzieren und den Pfannkuchen langsam backen.

Garnelen-Frittata

Bodenständig und fein zugleich schmeckt diese Frittata, frisch aus der Pfanne, als warmes Hauptgericht für 4 Personen. Sie ist aber ebenso prädestiniert, Mittelpunkt bei einem sommerlichen Picknick zu sein.

400 g Kartoffeln · 1 Knoblauchzehe · 75 g Pancetta oder Frühstücksspeck
1 Bund Frühlingszwiebeln · 1 rote Chilischote
8 rohe Garnelenschwänze · 5 große Eier · 1 Msp gemahlener Safran
Salz · Pfeffer · 5 EL Olivenöl · ½ Bund Petersilie

Die Kartoffeln schälen. Knoblauch und Speck fein würfeln. Die Frühlingszwiebeln in feine Ringe schneiden. Die Chilischote längs halbieren, entkernen und sehr fein hacken. Die Garnelen schälen, längs halbieren und den Darm herausziehen. Die Eier mit Safran, Chili und einem Großteil der Frühlingszwiebelringe verrühren, salzen, pfeffern. Die Kartoffeln in dünne Scheiben schneiden.
Das Öl erhitzen, die Garnelen kurz darin anbraten. Salzen, pfeffern und beiseite stellen. Die Kartoffeln im Bratensatz 10 Minuten garen.
Nach 5 Minuten Knoblauch und Speck zufügen und pfeffern. Die Garnelen auf den Kartoffeln verteilen. Die Eiermasse darübergießen und stocken lassen, dann noch 8–10 Minuten bei 200 ° im Backofen zu Ende garen.
Ohne Backofen: Bei geschlossenem Deckel und schwacher Hitze auf dem Herd fertigbraten. Wenn Sie's ganz perfekt machen wollen: Den Deckel mit einem Küchentuch umwickeln, damit der aufsteigende Dampf aufgesaugt wird und nicht als Kondenswasser auf die Frittata heruntertropft.
Mit den restlichen Frühlingszwiebelringen und gehackter Petersilie bestreuen und in Stücke schneiden.

Zwiebel-Frittata

Die Zwiebeln werden hier nicht scharf gebraten, sondern ganz langsam und sanft weich gedünstet. Auch diese Frittata eignet sich abgekühlt ganz hervorragend als Nascherei zum Wein.

500 g Zwiebeln · 2 EL Balsamico-Essig
5 Eier · 1 EL frischer · gehackter Thymian · Salz
schwarzer Pfeffer · Öl und Butter zum Braten

Die Zwiebeln schälen und in feine Ringe schneiden. In einer großen Pfanne 2 EL Olivenöl erwärmen und die Zwiebeln darin ganz gemächlich weich dünsten. Den Balsamico zugeben und ab und zu einige Löffel Wasser nachgießen, damit die Zwiebeln nicht ansetzen. Wenn die Zwiebeln schön weich sind und die Flüssigkeit verkocht ist, die Zwiebeln etwas abkühlen lassen.

Die Eier mit Thymian, Salz und Pfeffer verquirlen. Die Zwiebeln unterrühren. In einer beschichteten Pfanne etwas Butter erhitzen und die Ei-Zwiebel-Masse einfüllen. Wenn das Omelett unten leicht bräunt und oben nicht mehr flüssig ist, mit Hilfe eines Tellers wenden und auf der anderen Seite kurz fertigbraten.

Artischocken-Frittata

Sehr beliebt in Italien ist ein Artischocken-Omelett. Für dieses Gericht brauchen Sie ganz winzige Artischocken, denn nur bei ihnen sind die Blätter zart genug, dass sie mitgebacken – und mitgegessen – werden können.

1 Zitrone · 4 kleine Artischocken · 1 bis 2 Knoblauchzehen
2 EL gehackte Petersilie · 2 EL Olivenöl
4 Eier · Salz · schwarzer Pfeffer · 2 EL Butter

Die Artischocken gründlich waschen, damit keine Sandreste zurückbleiben. Das machen Sie am besten in einer Schüssel mit Wasser, dem einige Spritzer Zitronensaft beigefügt sind.
Die äußeren harten Blätter großzügig entfernen, den Stiel schälen und das harte Ende abschneiden. Den oberen Teil der Artischocke mit den harten Blattspitzen abschneiden. Insgesamt alle Blattspitzen entfernen. Die Artischocken längs halbieren, das Heu entfernen, und weiter in Achtel zerteilen. Mit Zitronensaft beträufeln.

2 EL Olivenöl in einer großen Pfanne erhitzen und die Artischocken und den Knoblauch anbraten. Salz, Pfeffer und einige EL Wasser zufügen, Deckel aufsetzen und die Artischocken weich dünsten. Zwischendurch nachsehen, wie weit das Wasser verdunstet ist und bei Bedarf nachgießen. Die Gar-

zeit der Artischocken kann je nach Größe und Frische zwischen 15 und 30 Minuten betragen.
Wenn das Gemüse gar ist, die Eier in eine Schüssel aufschlagen, salzen, pfeffern und mit der Petersilie und den etwas abgekühlten Artischocken verrühren.
Die Butter in der Pfanne zerlassen (sie darf sich ruhig mit den Resten des Olivenöls vom Artischocken-Braten mischen). Sobald die Butter zu schäumen beginnt, die Ei-Artischocken-Masse einfüllen und die Frittata backen.
Gerade diese Frittata mit den großen Gemüsestücken ist schwer zu wenden. Wenn Sie also einen Backofen mit Grill haben, ist die empfehlenswerteste Methode, die Frittata zu braten, bis die Unterseite gut ist, und dann die Pfanne noch für einen kurzen Moment unter den heißen Grill zu stellen, bis auch die Oberseite gestockt ist. Nicht bräunen!
Diese Frittata schmeckt warm als Vorspeise für 4 Personen oder ergibt ein angenehmes Hauptgericht für zwei. Lauwarm oder auch kalt passt sie auf Antipasto-Platten oder auf ein Buffet.

Apropos Wein:
Zur leicht bitteren Würze der Artischocken macht sich – vor allem, wenn Sie das Gericht sommers und im Freien genießen – ein trockener (!) Lambrusco sehr gut.

Frittata mit Spaghetti

Pfannkuchen mit Nudeln – das klingt vielleicht ein wenig merkwürdig, schmeckt aber toll!

200 g Spaghetti · Salz · 75 g frisch geriebener Parmesan
2 EL gehackte Petersilie
50 g Butter · 3 Eier · schwarzer Pfeffer

Die Spaghetti in Salzwasser gerade eben gar kochen. Die Nudeln mit Käse, Petersilie und der Hälfte der Butter vermischen. Die Eier verquirlen, salzen, pfeffern und unter die Spaghetti mischen.

Die restliche Butter erhitzen und die Spaghetti-Ei-Mischung einfüllen. Auch bei diesem Rezept wieder sehr zu empfehlen: die Brat-Grill-Kombination. Also die Frittata braten, bis die Unterseite appetitlich goldbraun ist und anschließend einige Sekunden die ganze Pfanne (mit feuerfesten Griffen!) unter den heißen Grill schieben.

Frittata mit Tomaten, Mozzarella und Basilikum

Empfindliche Zutaten wie zum Beispiel hitzeempfindliche Kräuter, etwa Basilikum, können Sie als Füllung in die Frittata einbauen.

250 g Tomaten · 1 Bund Basilikum · 150 g Mozzarella
4 Eier · Salz · Pfeffer · 20 g Butter

Die Tomaten überbrühen, häuten, entkernen und das Fruchtfleisch in feine Würfelchen schneiden (Tomatenconcassée). Basilikum waschen und grob hacken. Den Mozzarella fein würfeln.

Die Eier verquirlen, salzen und pfeffern. Die Butter in der Pfanne zerlassen und, sobald sie schäumt, die Hälfte der Eimasse einfüllen. Tomaten, Basilikum und Mozzarella darauf verteilen, leicht salzen und pfeffern und das restliche Ei darübergießen.

Jetzt geht es weiter wie gewohnt: Sobald die Frittata an der Unterseite zart gebräunt ist, kommt sie kurz unter den Grill oder wird behutsam mit Hilfe von zwei Tellern gewendet.

Frittata mit Sardellen und Kapern

Diese würzige Frittata schmeckt am besten kalt, in schmale Streifen geschnitten, als pikante Nascherei zu kräftigem Wein.

6 Eier · Pfeffer · 50 g Sardellenfilets (Anchovis)
2 EL eingelegte Kapern · 20 g Butter

Die Eier verquirlen und leicht pfeffern – Salz ist wegen der Sardellen und Kapern überflüssig. Die Sardellenfilets grob hacken. Kapern nur dann hacken, wenn es sich um besonders große Exemplare handelt.
Die Butter in einer beschichteten Pfanne erhitzen. Die übrigen Zutaten vermischt in die schäumende Butter gießen. Die Hitze reduzieren, und die Frittata brutzeln, bis die Unterseite schön goldgelb ist. Entweder kurz übergrillen oder wenden und in der Pfanne fertigbraten. Bei dieser Frittata könnte man sogar einen beherzten Wurf riskieren.

Frittata mit Krabben und grünem Spargel

Ein erfreuliches Frühlingsessen, als Vorspeise für vier, als Hauptgericht für zwei Personen gedacht.

500 g grüner Spargel · Salz · 1 Prise Zucker
1 Handvoll frischer Kerbel · 6 Eier · Salz · weißer Pfeffer
1 EL Butter · 150 g gekochte, geschälte Krabben

Den Spargel waschen und von den holzigen Enden befreien, das untere Drittel schälen. Die Spargelstangen in mundgerechte Stückchen zerschneiden. In reichlich Salzwasser, dem eine Prise Zucker beigefügt ist, knapp gar kochen, kalt abschrecken und gut abtropfen lassen.
Während der Spargel kocht, den Kerbel hacken und die Eier mit Salz, Pfeffer und dem Kerbel verquirlen.
Die Butter in einer beschichteten Pfanne erhitzen. Die Krabben darin andünsten. Den Spargel zufügen und die Eiermasse darüber gießen. Wenn die Frittata unten zu bräunen beginnt, im Backofen zu Ende garen.
Oder – ohne Backofen – von Anfang an beim Braten die Pfanne mit dem Deckel schließen (den Deckel sollten Sie mit einem Küchentuch umwickeln).

Apropos Wein:
Zum Krabben-Spargel-Omelett passt ein zarter, heller, frühlingsfrischer Wein. Wenn es ein Italiener sein soll, wäre etwa ein Chardonnay aus dem Trentino oder dem Friaul die richtige Wahl.

Pikante und süße »Hochstapler«

Pikant gestapelt:

Pfannkuchentorte mit Kalbsbrät

✶

Pfannkuchentorte mit Schafkäse und Pinienkernen

✶

Pfannkuchen-Lasagne mit Pilzfarce

✶

Crêpes-Stapel mit Tomaten,

✶

Basilikum und Mozzarella

✶

Pikante Trüffeltorte

Süß gestapelt:

Schoko-Crêpes-Torte

✶

Palatschinkenturm mit Maronencreme

✶

Einfache Pfannkuchentorte mit Johannisbeergelee

✶

Palatschinkentorte mit Preiselbeeren

✶

Palatschinken-Baiser-Torte

✶

Ungarische »Gleit-Palatschinken«-Torte

Pfannkuchen sind platt – im Prinzip. Manchmal aber wollen auch Pfannkuchen hoch hinaus, und da gibt es dann nur eins: stapeln!

Pfannkuchentürme können in den Bereich des Bodenständigen gehören und schnell gemacht sein, sie können sich zu edlen Gebilden türmen, die einigen Aufwand erfordern, es gibt sie süß und pikant, als Hauptgericht oder opulente Desserts.

Die Frage, die sich bei den hochgetürmten Delikatessen stellt, ist: Wie behält das Ding seine Form? Sie können gewissermaßen im Tiefbau-Verfahren vorgehen und die Pfannkuchen samt Füllung in eine runde Auflaufform schichten – dann hat das Ganze aber mehr Ähnlichkeit mit einer Lasagne als mit einer Torte.

Wenn's wirklich in die Höhe gehen soll, leistet ein Tortenring gute Dienste. Der hält das Gebilde wenigstens während der Aufbauphase zusammen. Zum Aufschneiden allerdings muß das Korsett weg, und dann kann es schon mal passieren, dass das gute Stück ein wenig aus der Fasson gerät. Wird die Torte kalt gegessen, ist es hilfreich, sie gut zu kühlen und etwa eine halbe bis eine Stunde vor dem Essen wieder aus dem Kühlschrank zu nehmen. Portionsstücke sollten Sie allerdings einschneiden, solange der Turm noch ganz kalt und dadurch etwas stabiler ist.

Ein bisschen mehr Stabilität verleiht auch ein in die Mitte der Torte gesteckter Holzspieß. Er verhindert, wenn die Füllung sehr cremig ist, dass die einzelnen Pfannkuchenschichten beim Anschneiden wegglitschen.

Pfannkuchentorte mit Kalbsbrät

FÜR DIE CRÊPES:

120 g Mehl · 3 Eier · 1/4 l Milch · 1 gestrichener TL Salz
Butterschmalz zum Braten

FÜR DIE FÜLLUNG:

500 g Kalbsbrät · beim (Bio-)Metzger fertig gekauft
2 Eier · 200 ml Schlagsahne
Salz · Pfeffer · 20 g kalte Butter

AUSSERDEM:

frische Majoran-Zweige (ersatzweise Schnittlauch)
zum Dekorieren

Mehl, Eier, Milch und Salz zu einem glatten, dünnen Teig verrühren und etwa 30 Minuten zum Quellen stehen lassen.
Den Teig noch einmal durchrühren. In einer beschichteten Pfanne wenig Butterschmalz erhitzen. Einen kleinen Schöpflöffel Teig einfüllen und durch Schwenken der Pfanne verteilen. Wenn die Unterseite leicht zu bräunen beginnt, wenden und noch kurz von der anderen Seite backen. Auf diese Weise den ganzen Teig zu Crêpes verarbeiten.
Eine runde Auflaufform einfetten. Einen Pfannkuchen hineinlegen, mit 2 EL Kalbsbrät bestreichen, den nächsten Pfannkuchen darüber legen, wieder mit Brät bestreichen usw. bis zum letzten Pfannkuchen. Die Eier mit der Sahne verquirlen, salzen und pfeffern. Die Butter in kleinen Stückchen obenauf verteilen. Bei 200° etwa 15 Minuten überbacken.

Gut dazu: Gurken-Tomaten-Salat und Bier oder Weißburgunder

Bayerischer Semmelschmarrn (Rezept Seite 193)

Pfannkuchentorte mit Schafkäse und Pinienkernen

Die würzige Schafkäse-Torte schmeckt ganz frisch und lauwarm, kann aber auch, gut durchgekühlt und in kleine Häppchen geschnitten, Bestandteil eines kalten Buffets sein.

FÜR DIE PFANNKUCHEN:

120 g Mehl · 3 Eier · $^1/_8$ l Milch
$^1/_8$ l kohlensäurehaltiges Mineralwasser · 1 gestrichener TL Salz
Öl oder Butterschmalz zum Braten

FÜR DIE FÜLLUNG:

500 g Schaf-Feta · etwa 8 EL Olivenöl · 50 g Pinienkerne
1 Handvoll frischer Salbei
3 Knoblauchzehen · schwarzer Pfeffer

AUSSERDEM:

etwa 1 Dutzend frische Salbeiblätter
1 EL Butter · 1 EL Olivenöl

Mehl, Eier, Milch, Wasser und Salz zu einem glatten, dünnen Teig verrühren und stehen lassen.
Den Schafkäse mit Öl, Pinienkernen, Salbei, Knoblauch und Pfeffer im Mixer pürieren.
Den Teig noch einmal durchrühren. In einer beschichteten Pfanne wenig Öl oder Butterschmalz erhitzen. Einen kleinen Schöpflöffel Teig einfüllen und durch Schwenken der Pfanne verteilen. Wenn die Unterseite leicht zu bräunen beginnt, wenden und ganz kurz von der anderen Seite backen. Auf diese Weise lauter dünne Pfannkuchen herstellen und warm halten.
Auf eine runde Platte einen Pfannkuchen legen, mit etwas Schafkäse-Creme bestreichen, den nächsten Pfannkuchen dar-

auflegen, wieder bestreichen und so fortfahren, bis Pfannkuchen und Creme verbraucht sind. Die oberste Schicht sollte aus Käsecreme bestehen.
In einer kleinen Pfanne Butter und Öl erhitzen und die Salbeiblätter darin knusprig braten. Mit diesen Salbeiblättern die Torte dekorieren.

Gut dazu: Ein Dolcetto aus dem Piemont.

Pfannkuchen-Lasagne mit Pilzfarce

Zur Steinpilzzeit können Sie die Füllung natürlich ganz und gar aus frischen Steinpilzen zubereiten. Auch Shiitake-Pilze sind für die Pilzfarce geeignet.

FÜR DIE FÜLLUNG:

30 g getrocknete Steinpilze · 500 g frische Champignons
1 Zwiebel · 1 Knoblauchzehe
1 Bund Petersilie · 2 EL Butter · Salz · Pfeffer
1 kleines Glas trockener Weißwein
200 g Crème fraîche

FÜR DIE CRÊPES:

120 g Mehl · 3 Eier · 1/4 l Milch
1 gestrichener TL Salz
Butterschmalz zum Braten

AUSSERDEM:

30 g geriebener Parmesan · 20 g kalte Butter

Die Steinpilze in 1/2 Tasse kaltem Wasser einweichen. Mehl, Eier, Milch und Salz zu einem glatten, dünnen Teig verrühren und zum Quellen stehen lassen.

Inzwischen die Champignons putzen und fein hacken. Zwiebel, Knoblauch und Petersilie ebenfalls fein hacken.

In einem breiten Topf die Butter zerlassen, Zwiebel und Knoblauch darin glasig dünsten. Die Champignons zufügen. Die Steinpilze aus dem Einweichwasser nehmen, sehr fein hacken und zu den Champignons in den Topf geben. Das Einweichwasser durch ein feinmaschiges Sieb oder einen Filter gießen.

Die Pilze mit Wein und dem gefilterten Steinpilzwasser ablöschen, kräftig salzen und pfeffern. Die Crème fraîche und die gehackte Petersilie unterrühren.

Den Teig noch einmal durchrühren. In einer beschichteten Pfanne wenig Butterschmalz erhitzen. Einen kleinen Schöpflöffel Teig einfüllen und durch Schwenken der Pfanne verteilen. Wenn die Unterseite leicht zu bräunen beginnt, wenden und ganz kurz von der anderen Seite backen. Auf diese Weise den gesamten Teig zu dünnen Pfannkuchen verarbeiten.
Eine runde Auflaufform, die größenmäßig zu den Pfannkuchen passt, einfetten und einen Pfannkuchen hineinlegen. Mit etwas Pilzfarce bestreichen, einen zweiten Pfannkuchen auflegen, wieder etwas Füllung darauf verteilen und so fortfahren, bis Küchlein und Pilzfüllung aufgebraucht sind. Der oberste Pfannkuchen bekommt eine Auflage aus geriebenem Parmesan und Butterflöckchen.
Bei 200° etwa 12 bis 15 Minuten überbacken.

Gut dazu: Derselbe Weißwein, der sich schon in der Füllung befindet, vielleicht ein Roero Arneis aus dem Piemont.

Crêpes-Stapel mit Tomaten, Basilikum und Mozzarella

Dieses Gericht macht nicht allzu viel Arbeit, wenn Sie fertig vorbereitete Pizza-Tomaten verwenden. Sie haben genau die richtige Konsistenz.

FÜR DIE CRÊPES:

120 g Mehl · 3 Eier · $^1/_4$ l Milch · 1 gestrichener TL Salz
20 g flüssige Butter
Olivenöl oder Butterschmalz zum Braten

FÜR DIE FÜLLUNG:

2 Knoblauchzehen · 2 Bund Basilikum · 2 EL Olivenöl
500 g Pizzatomaten · $^1/_2$ TL Salz · Pfeffer
400 g Mozzarella · 20 g kalte Butter

Mehl, Eier, Milch, Salz und flüssige Butter zu einem glatten, dünnen Teig verrühren und zum Quellen stehen lassen.
Die Knoblauchzehen durchpressen oder sehr fein hacken. Das Basilikum hacken. Den Mozzarella fein würfeln.
Das Öl in einer Kasserolle erhitzen und den Knoblauch darin andünsten. Die Tomaten zufügen und wenige Minuten kochen. Salzen und pfeffern.
Den Teig noch einmal durchrühren. In einer beschichteten Pfanne wenig Olivenöl oder Butterschmalz erhitzen. Einen kleinen Schöpflöffel Teig einfüllen und durch Schwenken der Pfanne verteilen. Wenn die Unterseite leicht zu bräunen beginnt, wenden und noch kurz von der anderen Seite backen. Auf diese Weise den ganzen Teig zu dünnen Pfannkuchen verarbeiten.
Einen Pfannkuchen auf eine ofenfeste Platte legen, 2 EL Tomatensauce darauf verteilen, einige Mozzarellawürfel und etwas Basilikum darüber streuen und einen zweiten Pfannku-

chen auflegen. Den wieder mit Tomatensauce, Mozzarella und Basilikum bedecken. So fortfahren bis zum letzten Pfannkuchen. Auf den obersten Pfannkuchen nur noch Mozzarella und Butterstückchen verteilen.
Bei 200° etwa 10 Minuten überbacken, bis der Mozzarella geschmolzen ist. Mit Basilikumblättern dekorieren.

Gut dazu: Ein leichter italienischer Roter oder Weißer.

Pikante Trüffeltorte

In italienischen Feinkostläden gibt es fertige Trüffelcreme im Glas, die ganz intensiv nach den weißen Piemont-Trüffeln duftet und himmlisch schmeckt. Mit Mascarpone gemischt, ist sie die perfekte Füllung für unsere Trüffeltorte. Die Torte schmeckt am besten gut durchgekühlt.
Wenn gerade Trüffelsaison ist und Sie das Geld übrig haben, können Sie die Torte dekorieren, indem Sie eine frische Trüffel darüber hobeln. Sonst tun es auch ein paar Kerbel- Petersilien- oder Basilikumblättchen, die Sie auflegen.

FÜR DIE CRÊPES:

120 g Mehl · 3 Eier · 1/4 l Milch
1 gestrichener TL Salz · 1 EL Weinbrand · 20 g flüssige Butter
Butterschmalz zum Braten

FÜR DIE FÜLLUNG:

1 Glas Trüffelcreme (375 g) · 375 g Mascarpone

Mehl mit Eiern, Milch, Salz, Weinbrand und flüssiger Butter glattrühren und 30 Minuten zum Quellen stehen lassen.

Inzwischen Trüffelcreme und Mascarpone gut miteinander verrühren.
Den Teig noch einmal durchrühren. In einer beschichteten Pfanne wenig Butterschmalz erhitzen. Einen kleinen Schöpflöffel Teig einfüllen und durch Schwenken der Pfanne verteilen. Wenn die Unterseite leicht zu bräunen beginnt, wenden und ganz kurz von der anderen Seite backen. Auf diese Weise den ganzen Teig zu Crêpes verarbeiten.
Einen Pfannkuchen dünn mit der Trüffelcreme bestreichen, einen zweiten auflegen, bestreichen usw. Den obersten Pfannkuchen ebenfalls mit der Creme überziehen. Falls noch Creme übrig ist, auch den Rand bedecken.

Gut dazu: Nicht allzu trockener Sekt oder Champagner, evtl. ein Rosé-Champagner.

Schoko-Crêpes-Torte

Sehr einfach zu machen, geht ziemlich fix.

FÜR DIE CRÊPES:

2 EL Kakaopulver · 100 g Mehl · 1 EL Speisestärke · 2 EL Zucker
200 ml lauwarme Milch · 1 EL Rum · 2 Eier

FÜR DIE FÜLLUNG:

400 ml Schlagsahne · 3 EL Zucker · 100 g fertige Schokoladensauce

AUSSERDEM:

100 g Schokoraspel

Kakaopulver mit Mehl, Speisestärke und Zucker vermischen, mit Milch, Rum und Eiern zu einem glatten, dünnen Teig rühren. 20 Minuten zum Quellen stehen lassen.
Den Teig noch einmal durchrühren. In einer beschichteten Pfanne wenig Butterschmalz erhitzen. Einen kleinen Schöpflöffel Teig einfüllen und durch Schwenken der Pfanne verteilen. Wenn die Unterseite leicht zu bräunen beginnt, wenden und ganz kurz von der anderen Seite backen. Auf diese Weise den gesamten Teig zu Crêpes verarbeiten. Etwas abkühlen lassen.
Die Sahne mit dem Zucker steif schlagen und die Schokoladensauce langsam unterziehen.
Auf eine Tortenplatte einen Pfannkuchen legen, mit etwas Schokosahne bestreichen, den nächsten Pfannkuchen darüberlegen, wieder mit Sahne bestreichen. So fortfahren, bis alle Crêpes und die Schokosahne verbraucht sind. Zum Schluß sollte noch ausreichend Schokosahne übrig sein, um die Torte auch am Rand damit einzustreichen.
Mit Schokoraspeln bestreuen.

Palatschinkenturm mit Maronencreme

Schmeckt phantastisch, wirkt sehr raffiniert, ist aber ganz leicht zu machen, weil die Füllung einfach aus pürierten *Marrons glacés* und Schlagsahne besteht. Die glasierten Maronen sind, wenn es sich um schöne, intakte Exemplare handelt, sehr teuer. Es gibt sie aber auch preiswert als »Bruch«. Da sie ohnehin püriert werden und es nur auf den Geschmack ankommt, ist der preiswerte Bruch vorzuziehen.

Wenn Sie Schwierigkeiten haben, glasierte Maronen aufzutreiben, nehmen Sie ersatzweise gesüßtes Maronenpüree aus der Dose.

FÜR DIE PFANNKUCHEN:

150 g Mehl · 50 g Zucker · 1 TL abgeriebene Zitronenschale
3 Eier · 200 g Sauerrahm
50 g flüssige Butter · Butterschmalz zum Braten

FÜR DIE FÜLLUNG:

¼ l Schlagsahne · 1 EL Zucker
300 g Marrons glacés (glasierte Eßkastanien)

AUSSERDEM:

2 EL dunkles Kakaopulver zum Bestäuben

Mehl, Zucker, Zitronenschale, Eier und Sauerrahm zu einem glatten Teig verrühren und wenigstens 20 Minuten stehen lassen.

Den Teig noch einmal durchrühren. Wenig Butterschmalz in einer beschichteten Pfanne zerlassen. Einen kleinen Schöpflöffel Teig einfüllen und durch Schwenken der Pfanne verteilen. 1 bis 2 Minuten braten, bis der Pfannkuchen unten zart goldbraun und oben nicht mehr flüssig ist. Wenden, von der anderen Seite fertigbacken. Den restlichen Teig ebenso verarbeiten. Die Pfannkuchen etwas abkühlen lassen.

Die Kastanien mit 3 EL Sahne im Mixer pürieren. Die restliche Sahne mit dem Zucker gut steif schlagen und vorsichtig mit dem Maronenpüree mischen.
Die Pfannkuchen, jeweils mit etwas Maronensahne bestrichen, übereinander türmen. Die oberste Sahneschicht mit dem Kakaopulver bestäuben.

Einfache Pfannkuchentorte mit Johannisbeergelee

FÜR DIE PFANNKUCHEN:

140 g Mehl · 1 EL Zucker · abgeriebene Schale von 1 Zitrone
200 ml lauwarme Milch · 2 Eier
Butterschmalz zum Braten

FÜR DIE FÜLLUNG:

1 Glas (450 g) Johannisbeergelee · 100 g Puderzucker
1 Schnapsglas Grand Marnier

AUSSERDEM:

Puderzucker zum Bestäuben

Mehl, Zucker Zitronenschale, Milch und Eier zu einem glatten Teig verrühren und mindestens 20 Minuten zum Quellen stehen lassen.
Den Teig noch einmal durchrühren. Wenig Butterschmalz in einer beschichteten Pfanne zerlassen. Einen kleinen Schöpflöffel Teig einfüllen und durch Schwenken der Pfanne verteilen. 1 bis 2 Minuten braten, bis der Pfannkuchen unten zart goldbraun und oben nicht mehr flüssig ist. Wenden, von der anderen Seite fertigbacken. Nacheinander den ganzen Teig zu dünnen Pfannkuchen verarbeiten.
Das Johannisbeergelee mit Puderzucker und Grand Marnier glattrühren.
Einen Pfannkuchen auf eine Tortenplatte legen, mit etwas Johannisbeergelee bestreichen und mit einem weiteren Pfannkuchen belegen. Ebenfalls bestreichen. So fortfahren, bis alle Pfannkuchen übereinander gestapelt sind. Der oberste Pfannkuchen wird nicht mit Gelee bestrichen.
Den ganzen Turm dick mit Puderzucker bestäuben.

Palatschinkentorte mit Preiselbeeren

Der kräftig-säuerliche Geschmack der Preiselbeeren und die süße Baiserhaube bilden einen angenehmen Kontrast.

FÜR DIE PFANNKUCHEN:

200 g Mehl · 75 g Zucker · 1 TL Zitronenschale
150 g geschmolzene Butter · ½ l Milch · 5 Eier

FÜR DIE FÜLLUNG:

450 g Preiselbeerkonfitüre · 2 EL Kirschwasser
2 EL Puderzucker

FÜR DIE BAISERHAUBE:

2 Eiweiß · 80 g Zucker · 1 EL Zitronensaft

Mehl, Zucker, Zitronenschale, Milch und Eier zu einem glatten Teig verrühren und wenigstens 20 Minuten stehen lassen. Den Teig noch einmal durchrühren. Wenig Butterschmalz in einer beschichteten Pfanne zerlassen. Einen kleinen Schöpflöffel Teig einfüllen und durch Schwenken der Pfanne verteilen. 1 bis 2 Minuten braten, bis die Palatschinke unten zart goldbraun und oben nicht mehr flüssig ist. Wenden und von der anderen Seite fertigbacken. Den restlichen Teig ebenso verarbeiten.
Die Preiselbeerkonfitüre mit Schnaps und Zucker glattrühren. Auf eine Tortenplatte eine Palatschinke legen, mit etwas Konfitüre bestreichen, die nächste auflegen, bestreichen – so lange, bis alle Palatschinken aufgestapelt sind.
Eiweiß mit Puderzucker zu schnittfestem Schnee schlagen. Die Torte mit der Baisermasse überziehen. Mit einer Gabel oder einem Konditor-Kamm Rillen durchziehen. Die Torte unter dem heißen Grill zart überbräunen.

Palatschinken-Baiser-Torte

Eine üppige Mehlspeis', bei der die einzelnen Teigschichten abwechselnd mit Rosinenquark, Schokolade und Aprikosenkonfitüre bestrichen und zum Schluß mit einer Baiserhaube überzogen werden. Das Ergebnis schmeckt wie ein Kuss.

FÜR DEN TEIG:

300 g Mehl · 3 Eier · ½ l Milch · Salz
Butterschmalz zum Braten

FÜR DIE FÜLLUNGEN:

250 g trockener Quark · 3 EL Crème fraîche
50 g Zucker · 3 Eigelb
abgeriebene Schale von ½ Zitrone · 2 EL Rosinen;
2 Tafeln Zartbitterschokolade
5 EL Sahne · 75 gemahlene Mandeln
1 EL Amaretto-Likör;
300 g Aprikosenkonfitüre · 3 EL Grand Marnier

ZUM ÜBERZIEHEN:

3 Eiweiß · 100 g Puderzucker
2 EL Aprikosenkonfitüre

Mehl, Eier und Milch mit einer Prise Salz zu einem glatten Teig verrühren und eine halbe Stunde ruhen lassen.
Inzwischen können Sie schon die Füllungen vorbereiten: Quark mit Crème fraîche, Zucker, Eigelb und Zitronenschale glattrühren und die Rosinen untermischen.
Die Schokolade mit der Sahne im Wasserbad schmelzen, die geriebenen Mandeln und den Amaretto unterrühren.
Die Aprikosenkonfitüre mit dem Grand Marnier glattrühren. Falls sich Fruchtstückchen in der Marmelade befinden, mit dem Stabmixer pürieren, damit sie sich gleichmäßig verstreichen läßt.

Den Teig noch einmal durchrühren. Daraus in einer mittelgroßen Pfanne lauter dünne Palatschinken backen.
In eine runde Kuchenform, in der die Palatschinken Platz haben – eine Springform wäre ideal – einen Pfannkuchen legen, mit etwas Quarkfüllung bestreichen, einen zweiten Pfannkuchen darüberlegen, diesmal mit Aprikosenfüllung bestreichen. Den nächsten mit der Schokoladenmasse bestreichen, den folgenden wieder mit Quarkfüllung. So weitermachen und dabei immer die Füllungen abwechseln, bis Pfannkuchen und Füllungen aufgebraucht sind. Die oberste Palatschinke soll nicht mehr bestrichen werden.
Diesen Turm ganz leicht von oben andrücken, damit er eine gewisse Stabilität erhält und nicht ins Rutschen kommt. Ein guter Schutz ist der Rand einer Springform. Jetzt den ganzen Turm etwa 10 Minuten bei 180° backen.
Inzwischen das Eiweiß mit dem Zucker sehr steif schlagen. Die Konfitüre glattrühren und unterziehen. Die Torte aus dem Ofen nehmen und mit dem Schnee überziehen. Noch einmal für wenige Minuten in den Backofen stellen und die Baiserhaube leicht überbräunen.

Ungarische »Gleit-Palatschinken«-Torte

Hier werden luftige Palatschinken nur einseitig gebacken und übereinander getürmt.

FÜR DEN TEIG:

3 Eier · 1 Vanilleschote · 150 g Mehl
50 g flüssige Butter · 400 ml Milch · 1 Prise Salz
Butterschmalz zum Braten

AUSSERDEM:

Butter für die Form · Puderzucker zum Bestäuben

Die Eier trennen, das Eigelb in eine Rührschüssel füllen. Die Vanilleschote der Länge nach aufschlitzen, das Mark herauskratzen und mit dem Eigelb vermischen. Eigelb mit dem Mehl und der Butter verrühren, nach und nach die Milch zugießen. Das Eiweiß mit etwas Salz zu festem Schnee schlagen und mit dem Schneebesen behutsam unter den Teig heben. Eine feuerfeste Platte oder Pieform buttern und bereitstellen.

In einer beschichteten Pfanne wenig Butterschmalz erhitzen und einen Schöpflöffel Teig einfüllen. Sobald die Palatschinke an der Unterseite schön goldbraun ist, lassen Sie sie auf die Platte gleiten und bestäuben die ungebackene Oberseite mit Puderzucker. Den nächsten Pfannkuchen ebenso zubereiten und – mit der noch feuchten Seite nach oben – auf die erste Palatschinke legen und mit Puderzucker bestäuben. Auf die beschriebene Weise den Teig verbrauchen und zu einem Palatschinkenturm aufbauen.

Der oberste Pfannkuchen wird noch einmal großzügig mit Puderzucker bestäubt, dann wandert der ganze Turm für knapp 10 Minuten in den Backofen, wo er bei 190° durchbäckt und eine schöne Kruste bekommt.

Buchweizen-Pfannkuchen

Schwarzplentenschmarren

✶

Schwarzplenten-Stupfer

✶

Bretonische Crêpes mit Muschelragout

✶

Blinis mit Kaviar und Räucherlachs

✶

Buchweizen-Plinsen
mit Wodkasahne

Tataren brachten den Buchweizen, auch schwarzes Welschkorn, Heidemehl oder Schwarzplenten genannt, nach Europa. Fest in der Küchentradition verankert ist er im äußersten Osten Europas, Rußland, und ganz im Westen, in der Bretagne, in Form von Blinis und Crêpes. Aber auch in den Tiroler Bergen hat der rustikale Buchweizen – der kein Getreide, sondern ein Knöterichgewächs ist – eine Nische gefunden.
Buchweizen enthält im Gegensatz zum Weizen kein Klebereiweiß, er geht also nicht auf und hat nicht die Geschmeidigkeit und Feinheit eines Weizenteigs. Er ist rustikaler, von kräftigerem Geschmack und etwas dunklerer Farbe. Seine inneren Werte sind beachtlich: sehr viel hochwertiges Eiweiß, darunter das fürs Immunsystem bedeutende Lysin und das entspannungsfördernde Tryptophan.
Wenn Sie Pfannkuchen aus Buchweizenmehl machen, sollten Sie dem Teig großzügig Zeit zum Quellen geben. Wenn Sie das Mehl in kochendem Wasser quellen lassen, bevor Sie die Eier zufügen, wird der Teig etwas gefälliger.
Buchweizenmehl finden Sie am ehesten im Reformhaus oder Naturkostladen, wo man es Ihnen in der Regel frisch mahlt. Bestehen Sie darauf, dass es so fein wie irgend möglich gemahlen wird.

Blinis mit Kaviar und Räucherlachs (Rezept Seite 174)

Schwarzplentenschmarren

Buchweizen, Sahne und Preiselbeeren vereinen sich hier zu einem Festessen, für das die Zutaten auch in entlegeneren Alpenregionen leicht zu beschaffen waren: Der bescheidene Buchweizen wächst auch noch in Höhen, denen sich der anspruchsvollere Weizen längst verweigert. Preiselbeeren finden sich im Wald, und die Sahne spendiert eine freundliche Kuh.
Dieser Schmarren existiert auch in einer salzigen Version, die als Beilage zu Gulasch oder vegetarisch mit einer Beilage aus Kraut oder Salat durchaus ihren Reiz hat.

FÜR DEN SCHMARREN:

2 Tassen Buchweizenmehl · 2 Eier · 3/4 l warme Milch
1/4 TL Salz · 2 EL Zucker
Butterschmalz zum Braten

AUSSERDEM:

eingezuckerte Preiselbeeren · Schlagsahne

Buchweizenmehl mit Eiern, Milch und Salz verrühren und stehen lassen.
Wenn der Teig mindestens 30 Minuten lang gequollen ist (länger ist diesem Fall mehr!), wenig Butterschmalz in einer beschichteten Pfanne erhitzen und einen Schöpflöffel voll Teig eingießen. Nacheinander lauter dünne Pfannkuchen backen und zu kleinen Stückchen zerreißen.
Mit Preiselbeeren und Schlagsahne servieren.

Variante: Ohne Zucker, dafür mit fein gehacktem Schnittlauch, der gleich in den Teig kommt, ist der Schmarren eine herzhafte Beilage.

Schwarzplenten-Stupfer

Auch bei diesem Gericht handelt es sich um eine mittlerweile rare alpenländische Spezialität – in diesem Fall aus dem Südtiroler Ahrntal. Die Kombination aus Buchweizenmehl und Früchten ohne Zusatz von Zucker ergibt ein Gericht von etwas herbem Charme. Die Ahrntaler schätzen den Stupfer zum Abendessen.

2 Tassen Buchweizenmehl · ½ TL Salz
500 g Birnen oder Äpfel · 100 g Butter

Das Buchweizenmehl mit heißem Wasser übergießen, salzen und ein paar Stunden zugedeckt quellen lassen.
Die Äpfel oder Birnen schälen, in dünne Scheibchen schneiden und daruntermengen.
In einer großen eisernen Pfanne den Großteil der Butter erhitzen und den Teig einfüllen. Das Fett einziehen lassen.
In die Mitte der Masse ein Loch graben und die restliche Butter hineingeben. Den Plenten eine Weile rösten.
Zuletzt am Pfannenrand noch 1 Tasse Wasser hinzugießen, Deckel auflegen und den Stupfer kurz überdünsten.

Bretonische Crêpes mit Muschelragout

Buchweizen-Crêpes und Muscheln – zwei typisch bretonische Gerichte in einem.
Beim Kochen sind zwei wichtige Punkte zu vereinbaren: Der Teig muß ausreichend lange quellen (mindestens eine, besser zwei Stunden) und die Muscheln müssen ganz frisch zubereitet werden – zwei Selbstverständlichkeiten, die aber dazu führen, dass Sie für dieses Gericht recht lange brauchen, wenn sie es in einem Rutsch zubereiten möchten: Denn Sie können die Wartezeit, während der Teig quillt, leider nicht dazu nutzen, das Muschelragout herzustellen, das sonst wiederum zu lange herumstehen würde, während Sie die Pfannküchlein backen.
Aus dieser Bredouille können Sie sich befreien, indem Sie den Teig schon vorab herstellen, denn ihm schadet es gar nicht, ein paar Stunden länger zu stehen oder gar (im Kühlschrank) zu übernachten. Sie können die Crêpes notfalls auch vorbacken und dann, während die Zwiebel dünstet, noch einmal aufbacken und warm halten. Ansonsten schmeckt das Muschelragout natürlich auch zu Weizenmehl-Crêpes, mit denen Sie es etwas einfacher haben.

FÜR DIE CRÊPES:

125 g Buchweizenmehl · 1 Ei · ½ TL Salz
¼ l warme Milch
Butterschmalz zum Braten

FÜR DAS MUSCHELRAGOUT:

2 kg frische Miesmuscheln · 1 Zwiebel · 50 g Butter
0,1 l Weißwein · Salz · Pfeffer · 50 g Crème fraîche

AUSSERDEM:

1 Bund Petersilie

Buchweizenmehl, Ei, Salz und Milch zu einem glatten Teig verrühren und mindestens 1 Stunde, möglichst länger, stehen lassen. In einer beschichteten Pfanne oder auf einer Crêpes-Platte wenig Öl erhitzen und eine kleine Menge Teig darin oder darauf verteilen. Wenn die Unterseite goldbraun gebacken ist, wenden und in Sekundenschnelle zu Ende backen. Auf diese Weise 8 Crêpes backen und warm stellen.
Die Muscheln unter fließend kaltem Wasser gründlich bürsten, alle Muscheln, die schon offen sind und sich auch bei Berührung nicht mehr von selbst schließen, wegwerfen.
Die Zwiebel fein hacken. In einem großen Topf die Hälfte der Butter zerlassen und die Zwiebel darin bei schwacher Hitze ganz langsam andünsten. Währenddessen haben sie Zeit, in Ruhe die Petersilie zu hacken.
Nach etwa 20 Minuten – die Zwiebeln sollten immer noch hell sein – den Weißwein in den Topf gießen und die Muscheln auf einmal hineinschütten. Wenige Minuten bei starker Hitze im geschlossenen Topf garen.
Die Muscheln herausnehmen und warm stellen. Alle Muscheln, die sich nicht geöffnet haben, herausfischen und wegwerfen.
Den Kochsud rasch in einen kleineren Topf umfüllen, den letzten, wahrscheinlich sandigen, Rest zurücklassen. Die Crème fraîche einrühren, mit Salz und Pfeffer abschmecken und die Muscheln wieder in diese Sauce zurücklegen. Je zwei Crêpes auf vorgewärmte Teller legen und das Muschelragout darauf verteilen. Wenn Sie es Ihren Gästen etwas komfortabler machen möchten, lösen Sie die Muscheln vor dem Servieren aus den Schalen.
Mit Petersilie bestreuen.

Apropos Wein:
Dazu passt ein fruchtiger französischer Weißwein (den Sie auch zum Kochen verwendet haben), z. B. ein weißer Sauvignon von der Loire.

Blinis mit Kaviar und Räucherlachs

(siehe Foto Seite 169)

Diese Blinis bestehen aus Buchweizen- und Weizenmehl zu gleichen Teilen und bekommen durch die Hefe Fülle. Die Menge ist üppig und jedenfalls mehr als eine Vorspeise für vier Personen. Eine deutlich kleinere Menge ist aber in der Zubereitung unpraktisch. Die fertigen Blinis lassen sich jedoch gut einfrieren und wieder aufbacken.

FÜR DIE BLINIS:

250 g Buchweizenmehl · 250 g Weizenmehl
1 EL Zucker · 1 TL Salz
½ Würfel Frischhefe · ½ l Milch · 100 g Butter
3 Eier · Butterschmalz zum Braten

AUSSERDEM:

Sauerrahm, Räucherlachs und Kaviar nach Belieben – und nach Portemonnaie. Preiswerter Lachs- oder Forellenkaviar passen durchaus, aber natürlich ist Störkaviar noch besser. Ob Sie sich für Sevruga, Ossietra oder Beluga entscheiden, ist Geschmackssache (mein Favorit wäre ein Ossietra) · bedeutender für die Qualität ist die Herkunft: Persischer Kaviar ist deutlich besser und vor allem zuverlässiger in der Qualität als russischer und trotz des höheren Preises unbedingt vorzuziehen.

Die Hefe in wenig lauwarmem Wasser auflösen. Das Weizenmehl mit dem Zucker vermischen und mit dem Hefebrei verrühren. An einem warmem Ort zugedeckt 1 Stunde gehen lassen.
Das Buchweizenmehl mit dem Salz mischen und zusammen mit der lauwarmen Milch in den Weizenteig arbeiten. Die Eier trennen. Butter und Eigelbe in den Teig kneten und eine weitere Stunde gehen lassen.

Das Eiweiß mit 1 Prise Salz zu steifem Schnee schlagen und behutsam mit dem Teig vermischen.
In einer beschichteten Pfanne wenig Butterschmalz erhitzen. Kleine Teighäufchen hineinsetzen und flachstreichen. Wenn sie an der Unterseite schön goldgelb sind, wenden und fertigbacken. Den ganzen Teig zu Blinis verarbeiten.
Mit Kaviar, Räucherlachs und Sauerrahm anrichten.

Gut dazu: Krimsekt oder Champagner.

Buchweizenplinsen mit Wodkasahne

Wenn Sie aus Buchweizen einen locker-flauschigen Pfannkuchen backen wollen, brauchen Sie unbedingt die gleiche Menge an Weizenmehl für den Teig.

FÜR DIE PLINSEN:

250 ml Milch · 200 g Buchweizenmehl
200 g Weizenmehl · 1 Beutel Trockenhefe · 1 TL Zucker
Salz · 2 Eier · 50 g flüssige Butter
Butterschmalz zum Braten

AUSSERDEM:

50 g zerlassene Butter · 200 g Sauerrahm
1 Schnapsglas Wodka

Die Milch mit gleicher Menge Wasser aufkochen, das Buchweizenmehl hineinschütten, umrühren und die Masse abkühlen lassen.

Weizenmehl mit Trockenhefe, Zucker und einer Prise Salz mischen, mit Eiern und der flüssigen Butter verrühren und zugedeckt an einem warmen Ort 20 Minuten gehen lassen. Den Hefeteig mit dem Buchweizenbrei mischen.

In einer beschichteten Pfanne etwas Butterschmalz erhitzen. Einen kleinen Schöpflöffel Teig einfüllen, von beiden Seiten goldbraun braten.

Zerlassene Butter, saure Sahne und Wodka verrühren und die Mischung zu den Plinsen reichen.

Süßes für Kaiser und Königin: Palatschinken und Schmarren

Einfache Topfenpalatschinken

✶

Karamelisierte Topfenpalatschinken

✶

Topfenpalatschinken de Luxe

✶

Gundel-Palatschinken

✶

Maronenpalatschinken mit Schokoladensauce

✶

Schokoladen-Marillen-Palatschinken

✶

Marzipan-Palatschinken mit Erdbeersauce

✶

Süße Krautpalatschinken

✶

Kaiserschmarren

✶

Bayerischer Semmelschmarren

✶

Topfenschmarren mit Himbeeren

Die ganze üppige Schwelgerei der Donaumonarchie mit ihrer innigen Liebe zu raffinierten Süßspeisen verwirklicht sich in den Palatschinken. Allein in dem Wort *Topfenpalatschinken* scheint schon die ganze Süße mitzuschwingen, die sich nicht nur aufs Essen beschränkt, sondern Goldornamente, Stuckdekorationen und Geigenklänge mit einschließt.
Zwar haben Palatschinken durchaus Ähnlichkeit mit ihren französischen Cousinen, den Crêpes, aber sie sind im Zweifelsfalle eben doch üppiger. Da wird schon gern mal ein Teil der Milch durch Sahne, pardon, Obers ersetzt, und auch die Füllungen sind konkurrenzlos köstlich.

Einfache Topfenpalatschinken

Die berühmten Topfenpalatschinken gibt es in recht unterschiedlichen Variationen. Sie können sehr üppig und aufwendig sein, was Zutaten und vor allem Zubereitung betrifft, und es gibt die schlichteren Exemplare, die weniger Zeitaufwand erfordern – und auch nicht ganz so nahrhaft sind wie die Luxus-Ausführungen.

FÜR DEN TEIG:

200 g Mehl · 1 Prise Salz · 400 ml Milch · 2 Eier
1 Eiweiß · Butterschmalz zum Braten

FÜR DIE FÜLLUNG:

1 EL Rosinen · 250 g Topfen (Magerquark)
100 g Sauerrahm · 1 EL Puderzucker
abgeriebene Schale von 1 Zitrone · 1 Eigelb

AUSSERDEM:

Puderzucker zum Bestäuben

Mehl mit Salz vermischen und mit Milch und Eiern zu einem glatten Teig rühren.
Die Rosinen waschen und abtropfen lassen. Quark, Sauerrahm, Puderzucker, Zitronenschale, Rosinen und Eigelb miteinander verrühren.
In einer beschichteten Pfanne wenig Butterschmalz erhitzen und etwa einen halben Schöpflöffel Teig in die Mitte gießen. Den Teig durch Bewegen der Pfanne gleichmäßig auf dem Pfannenboden verteilen. Wenn der Pfannkuchen an der Unterseite schön goldbraun ist, wenden und auf der anderen Seite noch einige Sekunden weiterbacken. Auf diese Weise nacheinander den Teig aufbrauchen.
Jede Palatschinke mit etwas Füllung bestreichen, aufrollen und mit Puderzucker bestäuben.

Karamelisierte Topfenpalatschinken

Diese Topfenpalatschinken werden vor dem Servieren noch kurz in den Backofen geschoben, wo sie eine schöne Butter-Zucker-Kruste bekommen

FÜR DEN TEIG:

200 g Mehl · ¼ l Milch · ⅛ l Schlagsahne · 3 Eier
1 Prise Salz · Butterschmalz zum Braten

FÜR DIE FÜLLUNG:

2 Eier · 250 g Topfen (trockener Magerquark)
200 g saure Sahne · 2 EL Rosinen
abgeriebene Schale von 1 Zitrone · 50 g flüssige Butter
3 gehäufte EL Zucker

AUSSERDEM:

weiche Butter für die Form · 50 g Puderzucker
30 g kalte Butter

Mehl, Milch, Sahne, Eier und Salz zu einem glatten, flüssigen Teig verrühren und wenigstens eine halbe Stunde stehen lassen, damit das Mehl quellen kann. Noch einmal durchrühren.

In einer beschichteten Pfanne 1 TL Butterschmalz erhitzen und etwa einen halben Schöpflöffel Teig in die Mitte gießen. Den Teig durch Bewegen der Pfanne gleichmäßig auf dem Pfannenboden verteilen. Wenn der Pfannkuchen an der Unterseite schön goldbraun ist, wenden und auf der anderen Seite noch einige Sekunden weiterbacken. Auf diese Weise den ganzen Teig zu Palatschinken verarbeiten.

Für die Füllung die Eier trennen. Eigelbe mit Topfen, Sahne, Rosinen, Zitronenschale, Butter und Zucker verrühren. Das Eiweiß zu Schnee schlagen und locker unter die Masse ziehen.

Den Backofen oder, noch besser, den Grill, auf 250° vorheizen. Eine ausreichend große Auflaufform mit Butter ausstreichen. Die Palatschinken mit je einem Löffel von der Füllung bestreichen, aufrollen und nebeneinander in die Form legen.
Den Puderzucker darüber sieben. Die Butter in Flöckchen darauf verteilen. Die Form in den Backofen schieben und kurz überbacken, bis die Palatschinken eine schöne Kruste bilden.

Topfenpalatschinken de Luxe

Auf Diät dürfen Sie nicht gerade sein, wenn Sie sich an diese k.u.k. Parade-Palatschinken machen. Sie sind die Sünde aber wert!

FÜR DIE PALATSCHINKEN:

120 g Mehl · 1 Prise Salz · 1 TL abgeriebene Zitronenschale
1/8 l Milch · 1/8 l Schlagsahne
1 Ei · 1 Eigelb · Butterschmalz zum Braten

FÜR DIE FÜLLUNG:

2 EL Rosinen · 1 Schnapsglas Rum · 2 Eier
250 g Topfen (trockener Magerquark)
Mark von 1/2 Vanilleschote · 2 EL Zitronensaft
1 TL abgeriebene Zitronenschale · 2 EL flüssige Butter
3 EL Puderzucker

AUSSERDEM:

2 Eier · 1/4 l Sahne · 2 EL Zucker

Mehl, Salz und Zitronenschale mischen und mit Milch, Sahne und Eiern zu einem glatten, flüssigen Teig verrühren und wenigstens eine halbe Stunde stehen lassen, damit das Mehl quellen kann. Die Rosinen im Rum einweichen.

Den Teig noch einmal durchrühren. In einer beschichteten Pfanne wenig Butterschmalz erhitzen, etwa einen halben Schöpflöffel Teig in die Mitte gießen und durch Schwenken der Pfanne gleichmäßig verteilen. Wenn der Pfannkuchen an der Unterseite schön goldbraun ist, wenden und auf der anderen Seite noch einige Sekunden weiterbacken. Auf diese Weise den ganzen Teig zu Palatschinken verarbeiten.

Für die Füllung die Eier trennen. Eigelbe mit Topfen, Vanille, den abgetropften Rosinen, Zitronensaft und -schale und der flüssigen Butter verrühren. Das Eiweiß zu Schnee schlagen,

dabei den Puderzucker einrieseln lassen und locker unter die Masse heben.
Den Backofen auf 200° vorheizen. Eine ausreichend große Auflaufform mit Butter ausstreichen. Die Palatschinken mit je einem Löffel von der Füllung bestreichen, zweimal übereinanderklappen, so dass eine Fächerform entsteht, und schuppenförmig in die Form einlegen.
Sahne, Eier und Zucker verquirlen und über die Palatschinken gießen. Überbacken, bis sich der Guß appetitlich goldbraun färbt (etwa 15 Minuten).

Gundel-Palatschinken

Die Erfinderin dieses köstlichen Rezepts muß eine sehr sympathische Frau gewesen sein.

Für den Teig:

200 g Mehl · 1 Prise Salz · ¼ l Milch · ⅛ l Schlagsahne
3 Eier · Butterschmalz zum Braten

Für die Füllung:

2 Schnapsgläschen Rum · 2 EL Rosinen
2 EL sehr fein gehacktes Orangeat · 200 g Walnusskerne
100 ml Sahne · 100 g Zucker · ¼ TL Zimt

Für die Schokoladensauce:

¼ l Milch · 30 g Zucker · 1 Vanillestange
100 g dunkle Schokolade · 150 ml Sahne
3 Eigelb · 80 g Zucker · 2 EL Kakaopulver
1 TL Speisestärke · 50 ml Milch

Rosinen und Orangeat über Nacht in Rum einweichen.
Mehl und Salz mit Milch, Sahne und Eiern zu einem glatten Teig verrühren.
Die Walnüsse mahlen und in der Sahne mit Zucker und Zimt kochen. Rosinen und Orangeat zufügen und 1 Minute weiterkochen, anschließend noch ein wenig vom Rum dazurühren.
Den Teig noch einmal durchrühren. In einer beschichteten Pfanne wenig Butterschmalz erhitzen, etwa einen halben Schöpflöffel Teig in die Mitte gießen und durch Schwenken der Pfanne gleichmäßig verteilen. Wenn der Pfannkuchen an der Unterseite schön goldbraun ist, wenden und auf der anderen Seite noch einige Sekunden weiterbacken. Auf diese Weise den ganzen Teig zu Palatschinken verarbeiten.
Die Palatschinken mit der Füllung bestreichen und zusammenrollen. Warm stellen.

Milch mit Zucker und Vanille aufkochen. Die Schokolade schmelzen, die Sahne schlagen. Eigelb mit Zucker verrühren. Kakaopulver, Milch und Stärke in die Sahne einrühren. Die geschmolzene Schokolade zugeben, mit dem Schneebesen schlagen, während langsam die heiße Milch eingerührt wird. Vorsichtig erhitzen, nicht kochen, dabei beständig mit dem Schneebesen weiterschlagen, zum Schluß noch einen Schuss Rum hineinrühren.
Die gefüllten Palatschinken kurz unter dem heißen Grill überbräunen und mit der Sauce begießen.

Maronenpalatschinken mit Schokoladensauce

Kann denn Süßes Sünde sein? Ja, durchaus, aber solche Sünden verzeiht der liebe Gott vermutlich gern.

FÜR DEN TEIG:

200 g Mehl · 1 Prise Salz · 1/4 l Milch · 1/8 l Schlagsahne
3 Eier · Butterschmalz zum Braten

FÜR DIE FÜLLUNG:

300 g Maronenpüree · 100 ml Schlagsahne · 2 Eigelb
100 g Biskuitbrösel · Rum

FÜR DIE SAUCE:

200 ml Milch · Mark von 1/2 Vanillestange · 75 g Zucker
100 g dunkle Schokolade · 1 EL Rum · 1 TL Speisestärke

Mehl und Salz mischen und mit Milch, Sahne und Eiern zu einem glatten, flüssigen Teig verrühren. Wenigstens eine halbe Stunde zum Quellen stehen lassen.
Alle Zutaten für die Füllung verrühren.
Für die Sauce die Milch mit Vanille und Zucker aufkochen. Die Schokolade reiben und in der heißen Milch schmelzen. Die Speisestärke mit dem Rum glattrühren, in die Schoko-Milch gießen. Einmal aufkochen und abkühlen lassen.
Den Teig noch einmal durchrühren. In einer beschichteten Pfanne wenig Butterschmalz erhitzen, etwa einen halben Schöpflöffel Teig in die Mitte gießen und durch Schwenken der Pfanne gleichmäßig verteilen. Wenn der Pfannkuchen an der Unterseite schön goldbraun ist, wenden und auf der anderen Seite noch einige Sekunden weiterbacken. Auf diese Weise den ganzen Teig zu Palatschinken verarbeiten.
Die Palatschinken mit der Maronencreme bestreichen, aufrollen und mit der Schokoladensauce übergießen.

Crêpes-Säckchen mit Honig-Orangen-Sauce (Rezept Seite 217)

Schokoladen-Marillen-Palatschinken

Von der Sachertorte her wissen wir, dass die Kombination Schokolade-Marillen (Aprikosen) unschlagbar gut ist. Sie wirkt auch bei Palatschinken. Hier eine Variante, bei der flüssige Schokolade über aprikosengefüllte helle Palatschinken gegossen wird.

FÜR DEN TEIG:

150 g Mehl · 150 ml Milch · 150 ml Schlagsahne · 3 Eier
1 Prise Salz · Butterschmalz zum Braten

FÜR DIE FÜLLUNG:

200 g frische Aprikosen · 100 g Aprikosenkonfitüre
3 EL Marillenbrand (Aprikosengeist)

AUSSERDEM:

100 g dunkle Schokolade · 250 ml Schlagsahne
1 gehäufter EL Vanillezucker

Für den Teig alle Zutaten glatt verrühren und wenigstens eine halbe Stunde ruhen lassen.
Inzwischen die Aprikosen überbrühen, häuten, halbieren und die Steine entfernen. Fruchtfleisch in schmale Streifen schneiden. Die Konfitüre in einem Töpfchen bei schwacher Hitze erwärmen und die Aprikosenstücke zugeben. Den Schnaps hineingießen, einmal kurz aufkochen. Vom Herd nehmen und auskühlen lassen.
Inzwischen in einer beschichteten Pfanne wenig Butterschmalz erhitzen und etwa einen halben Schöpflöffel Teig einfüllen. Den Teig durch Bewegen der Pfanne gleichmäßig verteilen. Den Pfannkuchen wenden, sobald die Unterseite appetitlich braun ist und noch ein paar Sekunden weiterbacken. Auf diese Weise den ganzen Teig aufbrauchen.

Die Palatschinken mit je einem Löffel der Aprikosenmischung belegen und zweifach übereinanderklappen, so dass eine Fächerform entsteht. Die Palatschinken warm stellen.
Die Schokolade zerbröckeln und bei sehr schwacher Hitze schmelzen. 100 ml Sahne dazurühren. Die restliche Sahne mit dem Vanillezucker steif schlagen, die Palatschinken mit Schokolade übergießen und einen Löffel geschlagene Sahne obenauf setzen.

Marzipan-Palatschinken mit Erdbeersauce

Marzipan, Erdbeeren und Eierlikör: wahrhaftig eine paradiesische Schlemmerei für Naschkatzen. Die hätte wohl auch Sissi gern gegessen.

FÜR DIE PALATSCHINKEN:

120 g Mehl · 1 Prise Salz · 1 EL Zucker · ¼ l Milch
3 Eier · 2 EL flüssige Butter

FÜR DIE FÜLLUNG:

100 g Marzipan-Rohmasse · 2 cl Zuckersirup
2 cl Zitronensaft · 1 cl Kirschwasser

AUSSERDEM:

30 g flüssige Butter · 250 g Erdbeeren
2 EL Puderzucker · 2 EL Eierlikör
100 ml Schlagsahne · 1 EL Vanillezucker

Mehl mit Salz und Zucker vermischen und mit Milch, Eiern und flüssiger Butter zu einem glatten, dünnen Teig verrühren. Etwa 30 Minuten zum Quellen stehen lassen.

Den Teig noch einmal durchrühren. In einer beschichteten Pfanne wenig Butterschmalz erhitzen, etwa einen halben Schöpflöffel Teig in die Mitte gießen und durch Schwenken der Pfanne gleichmäßig verteilen. Wenn der Pfannkuchen an der Unterseite schön goldbraun ist, wenden und auf der anderen Seite noch einige Sekunden weiterbacken. Auf diese Weise den ganzen Teig zu Palatschinken verarbeiten.
Marzipan, Sirup, Zitronensaft und Kirschwasser schaumig rühren. Die Palatschinken damit bepinseln und aufrollen. Mit der flüssigen Butter bestreichen und 5 Minuten bei 200° überbacken.
Für die Erdbeersauce die geputzten, gewaschenen Erdbeeren mit Puderzucker pürieren.
Während die Palatschinken im Backofen sind, die Sahne mit etwas Vanillezucker steif schlagen. Jede Palatschinke mit etwas Erdbeersauce überziehen und einen Tupfer Eierlikör obenauf setzen. Etwas geschlagene Sahne daneben drapieren.

Süße Krautpalatschinken

Aus Ungarn kommt diese ungewöhnliche Palatschinken-Komposition.

Für den Teig:

120 g Mehl · 1 TL Zucker · 1 Prise Salz · 2 Eier · $\frac{1}{4}$ l Milch
100 ml Schlagsahne · Butterschmalz oder Öl zum Braten

Fur die Füllung:

750 g frisches Bio-Sauerkraut · 200 g Aprikosenmarmelade
2 EL heller Honig (z. B. Orangenblüten- oder Akazienhonig)
75 g Rosinen

Ausserdem:

Puderzucker und Zimt zum Bestäuben

Mehl mit Zucker und Salz vermischen und mit den Eiern und der Milch zu einem glatten Teig verrühren. Etwa 30 Minuten lang zum Quellen stehen lassen.

Den Teig noch einmal durchrühren. In einer beschichteten Pfanne wenig Butterschmalz erhitzen, etwa einen halben Schöpflöffel Teig in die Mitte gießen und durch Schwenken der Pfanne gleichmäßig verteilen. Wenn der Pfannkuchen an der Unterseite schön goldbraun ist, wenden und auf der anderen Seite noch einige Sekunden weiterbacken. Auf diese Weise den ganzen Teig zu Palatschinken verarbeiten.

Die Marmelade mit Honig und Rosinen aufkochen. Das Kraut zerpflücken und darin erhitzen, aber nicht kochen.

Die Palatschinken mit dem süßen Kraut füllen, aufrollen und mit Zucker und Zimt bestäuben.

Kaiserschmarren

Eine der berühmtesten Süßspeisen der Welt.

FÜR DEN TEIG:

4 Eier · 150 g Mehl · 1 Prise Salz · ¼ l Milch
2 EL Rosinen · 50 g flüssige Butter
1 EL Puderzucker · 50 g Butter zum Braten

AUSSERDEM:

Puderzucker zum Bestäuben · Zwetschgenröster (Rezept Seite 198)

Die Eier trennen. Eigelb mit Mehl, Salz, Milch, Rosinen und flüssiger Butter verrühren.
Den Teig 15 Minuten ruhen lassen. Das Eiweiß mit 1 EL Puderzucker zu steifem Schnee schlagen und locker unter den Teig heben.
In einer großen Pfanne den Großteil der Butter erhitzen. Den ganzen Teig auf einmal in die Pfanne gießen. Wenn die Unterseite schön goldgelb ist, mit Hilfe eines Tellers wenden und von der anderen Seite backen. Den Pfannkuchen mit zwei Gabeln in Stücke reißen, etwas Puderzucker darüber streuen, die restliche Butter zufügen und den Schmarren leicht knusprig werden lassen.
Den fertigen Schmarren noch einmal mit Puderzucker bestäuben.

Bayerischer Semmelschmarren

(siehe Foto Seite 151)

2 altbackene Semmeln (Brötchen) · 3 Eier · 200 ml Milch
1 EL Vanillezucker · 1 TL abgeriebene Zitronenschale
1 EL Amaretto (Mandellikör) · 250 g Hartkirschen · 1 Prise Salz
2 EL gehackte Mandeln · 4 EL Butterschmalz

AUSSERDEM:

Puderzucker zum Karamelisieren

Die Semmeln in dünne Scheiben schneiden und in eine Schüssel legen. Die Eier trennen. Eigelbe mit Milch, Salz, Zucker, Zitronenschale und Amaretto verrühren und über die Semmeln gießen. 20 Minuten durchziehen lassen.
Den Backofen auf 220° vorheizen. Die Kirschen entkernen. Das Eiweiß mit dem Salz steif schlagen und zusammen mit Kirschen und Mandeln unter die Semmelmasse ziehen.
2 EL Butterschmalz in einer Pfanne mit ofenfesten Griffen erhitzen und die Masse darin anbraten. Nach wenigen Minuten in den Backofen schieben und fertigbacken.
Den Pfannkuchen in Stücke reißen. Das restliche Butterschmalz in die Pfanne geben, den Puderzucker darüber stäuben und karamelisieren lassen.

Topfenschmarren mit Himbeeren

Für den Teig:

2 EL Rosinen · 1 Schnapsglas Rum
500 g Topfen (trockener Magerquark) · 4 Eier
2 EL Zucker · 1 Prise Salz
1 TL abgeriebene Zitronenschale · 50 g geriebene Mandeln
150 g Mehl · Butterschmalz zum Braten

Ausserdem:

Butter und Puderzucker zum Glasieren
300 g Himbeeren (frisch oder tiefgekühlt)

Die Rosinen im Rum einweichen. Den Topfen mit Zucker, Salz, Zitronenschale und Mandeln verrühren. Das Mehl darüber sieben und unterheben.

In einer großen Pfanne (wieder einmal tut eine beschichtete Pfanne gute Dienste, wenn es auch jeder Tradition widersprechen mag!) ausreichend Butterschmalz erhitzen. Den ganzen Teig auf einmal einfüllen. Wenn sich unten eine goldgelbe Kruste gebildet hat, mit Hilfe eines Tellers wenden und von der anderen Seite backen (oder einige Minuten im heißen Backofen überbräunen).

Den Pfannkuchen mit zwei Gabeln in Stücke reißen. Noch etwas Butter dazugeben, Puderzucker darüberstreuen und einige Minuten weiterbraten, bis der Schmarren leicht karamelisiert.

Dazu gezuckerte Himbeeren reichen.

Eis & heiß – Crêpes, Palatschinken, Pfannkuchen und Omeletts mit Eis

Crêpes mit Vanilleeis und Schokoladensauce

*

Palatschinken mit Zwetschgenröster und Zimtparfait

*

Crêpes mit Walderdbeeren und Mandeleis

*

Pfannkuchen mit Weichselkompott und Walnusseis

*

Orangencrêpes mit Honigparfait

*

Palatschinken mit blitzschnellem Himbeereis

*

Flambierte Rum-Rosinen-Crêpes mit Schokoladeneis

*

Crêpes mit Calvados-Äpfeln und Walnusseis

*

Omelette surprise

Pfannkuchen und Eis sind in Kombination sehr beliebt. Gern gibt man zu heißen, knusprigen Crêpes zusätzlich zur Füllung noch eine Kugel Vanilleeis. Die Möglichkeiten sind vielfältig: Crêpes dünn mit Marmelade bestreichen, zusammenfalten und eine Kugel fertig gekauftes Eis obenauf – geht schnell und schmeckt wunderbar.
Für anspruchsvollere Varianten können Sie selbstgemachtes Eis verwenden oder feine Obstfüllungen herstellen. Möglichkeiten gibt es ohne Ende. Die spektakulärste Variante: *Omelette surprise* (Überraschungsomelett), ein baiserumhülltes großes Gebäckstück, das heiß aus dem Backofen kommt und innen aus Eis besteht.

Crêpes mit Vanilleeis und Schokoladensauce

FÜR DIE CRÊPES:

125 g Mehl · 1 EL Zucker · Salz · 2 Eier
¼ l lauwarme Milch
75 g flüssige Butter · Butter zum Braten

FÜR DIE SCHOKOLADENSAUCE:

100 ml Schlagsahne · 100 g (1 Tafel) Zartbitterschokolade

AUSSERDEM:

4 EL Kirschkonfitüre · 8 Kugeln oder ½ l Vanilleeis

Mehl mit Zucker und 1 Prise Salz mischen. Eier, Milch und flüssige Butter unterrühren. Etwa 30 Minuten zum Quellen stehen lassen.
In einem kleinen Topf die Sahne erwärmen. Die Schokolade in kleine Stückchen brechen und in der Sahne schmelzen. Glattrühren und abkühlen lassen.
In einer beschichteten Pfanne wenig Butterschmalz erhitzen. Mit einem kleinen Schöpflöffel etwas Teig einfüllen und durch Schwenken der Pfanne verteilen. Von beiden Seiten leicht knusprig backen. Auf diese Weise 8 Crêpes herstellen und warm halten.
Die Crêpes dünn mit Marmelade bestreichen und aufrollen. Je zwei Crêpe-Röllchen auf einen Teller legen und mit Schokoladensauce übergießen. Auf jede Rolle eine Kugel Eis setzen.

Palatschinken mit Zwetschgenröster und Zimtparfait

FÜR DAS ZIMTPARFAIT:

2 Eier · 150 g Puderzucker · 1 EL gemahlener Zimt
¼ l Schlagsahne

FÜR DIE PALATSCHINKEN:

125 g Mehl · 1 EL Zucker · Salz
2 Eier · 1 Eigelb · ¼ l lauwarme Milch
75 g flüssige Butter
Butter zum Braten · Puderzucker zum Bestäuben

FÜR DEN ZWETSCHGENRÖSTER:

500 g Zwetschgen · 100 g Zucker
1 EL Zitronensaft · 1 TL abgeriebene Zitronenschale
1 Msp gemahlene Gewürznelken

AUSSERDEM:

4 EL Pflaumenmus

Zuerst das Parfait machen: Die Eier trennen. Eigelb mit 2 EL Puderzucker und dem Zimt schaumig rühren. Die Sahne mit weiteren 2 EL Puderzucker steif schlagen und schließlich das Eiweiß mit dem Rest des Puderzuckers zu steifem Schnee schlagen. Die drei Massen vorsichtig miteinander vermischen, in eine Metallform füllen und ins Tiefkühlfach stellen.
Dann den Palatschinken-Teig herstellen: Mehl mit Zucker und 1 Prise Salz vermischen und mit den Eiern und dem Eigelb verrühren. Die Milch und die flüssige Butter dazurühren und den Teig zum Quellen stehen lassen.
Jetzt ist der Zwetschgenröster dran: Die Zwetschgen waschen, halbieren und entsteinen. Den Zucker mit Zitronensaft in einer Pfanne schmelzen und hellgelb karamelisieren. Die

Zwetschgen einfüllen, Zitronenschale und Nelkenpulver zufügen. Wenige Minuten kochen und abkühlen lassen.
In einer beschichteten Pfanne wenig Butter erhitzen. Mit einem kleinen Schöpflöffel etwas Teig einfüllen und durch Schwenken der Pfanne verteilen. Von beiden Seiten leicht knusprig backen. Nacheinander 8 Palatschinken backen und warm stellen.
Die Palatschinken dünn mit Pflaumenmus bestreichen und zusammenrollen. Jeweils 2 Palatschinkenrollen auf einen Teller legen, mit Puderzucker bestäuben und mit etwas Zwetschgenröster und 2 Kugeln Zimtparfait umgeben.

Crêpes mit Walderdbeeren und Mandeleis

Für dieses Eis benötigen Sie eine Eismaschine – sonst holen Sie sich ein gutes *Gelato* beim Italiener.

FÜR DAS EIS:

6 Eier · 100 g Zucker · ¼ l Milch
¼ l Schlagsahne · 50 g geriebene Mandeln
2 EL Amaretto (Mandellikör)

FÜR DIE CRÊPES:

100 g Mehl · 2 EL Zucker · Salz
180 ml lauwarme Milch · 100 ml kohlensäurehaltiges Mineralwasser
50 g flüssige Butter · 3 Eier

FÜR DIE FÜLLUNG:

200 g Walderdbeeren · 3 EL Grand Marnier · 2 EL Zucker

AUSSERDEM:

Puderzucker zum Bestäuben

Zunächst das Eis zubereiten: Die Mandeln in einer Pfanne ohne Zugabe von Fett hellbraun rösten, abkühlen lassen.
Die Eier trennen. Eigelb und Zucker in eine Metallschüssel füllen und mit dem Schneebeesen zu einer weiß-schaumigen, dicken Creme rühren.
Die Milch mit der Sahne aufkochen. Löffelweise die heiße Sahnemilch in das schaumige Eigelb einrühren. In einer Kasserolle etwas Wasser zum Kochen bringen, auf kleine Flamme zurückschalten. Die Schüssel mit der Creme auf den Topf setzen und die Masse beständig weiterschlagen, bis sie leicht dicklich ist. Wenn Sie etwas davon auf einen Holzlöffel geben und leicht darauf pusten, bilden sich rosenartige Kringel.

Die Mandeln und den Likör unterrühren und die Masse in der Eismaschine frieren.
Den Crêpes-Teig herstellen: Mehl mit Zucker und einer Prise Salz mischen und mit Milch, Mineralwasser, flüssiger Butter und den Eiern gründlich verrühren. Zum Quellen stehen lassen.
Inzwischen die Walderdbeeren vorsichtig säubern, mit dem Grand Marnier beträufeln und mit dem Zucker bestreuen. Zugedeckt ziehen lassen.
Wenn das Eis fertig ist, in einer beschichteten Pfanne wenig Butter erhitzen. Mit einem kleinen Schöpflöffel etwas Teig einfüllen und durch Schwenken der Pfanne verteilen. Von beiden Seiten leicht knusprig backen. Nacheinander 8 Crêpes backen und warm halten.
Die Walderdbeeren auf den Crêpes verteilen, die Crêpes halbmondförmig übereinanderschlagen und mit Puderzucker bestäuben. 1 oder 2 Kugeln Eis daneben setzen.

Pfannkuchen mit Weichselkompott und Walnusseis

Weichseln oder andere Sauerkirschsorten (z. B. Schattenmorellen) haben nur kurz Saison – wenn es soweit ist, sollten Sie unbedingt zugreifen. Falls Sie die Gelegenheit verpasst haben, können Sie sich mit Sauerkirschen aus dem Glas behelfen.

FÜR DIE PFANNKUCHEN:

100 g Mehl · 1 EL Zucker · Salz
4 große (oder 5 kleine) Eier · ¼ l lauwarme Milch
50 g Korinthen · 50 g flüssige Butter
1 TL abgeriebene Zitronenschale · Butterschmalz zum Braten

FÜR DAS KOMPOTT:

500 g Sauerkirschen · 100 g Zucker

AUSSERDEM:

½ l Walnusseis

Mehl mit Zucker und 1 Prise Salz mischen. Mit Eiern, Milch, Korinthen, Butter und Zitronenschale gut verrühren und zum Quellen stehen lassen.
Inzwischen das Kompott zubereiten: Die Kirschen waschen, entstielen und entkernen. Den Zucker in ¼ l Wasser auflösen und aufkochen. 5 Minuten köcheln, die Kirschen einfüllen und weitere 5 Minuten köcheln, dann abkühlen lassen.
In einer beschichteten Pfanne etwas Butterschmalz erhitzen und 4 Pfannkuchen darin ausbacken.
Auf 4 Teller jeweils einen zusammengerollten Pfannkuchen legen, mit Kompott übergießen und 2 Kugeln Eis daneben setzen.

Orangencrêpes mit Honigparfait

FÜR DAS HONIGPARFAIT:

3 Eigelb · 150 g Honig · ¼ l Schlagsahne · 2 EL Zucker

FÜR DIE CRÊPES:

1 Bio-Orange · 100 g Mehl · 2 EL Zucker
Salz · 150 ml Milch
100 ml kohlensäurehaltiges Mineralwasser
30 g flüssige Butter
2 EL Grand Marnier (Orangenlikör) · 3 Eiweiß
Butterschmalz zum Braten

AUSSERDEM:

Puderzucker zum Bestäuben

Zuerst das Parfait zubereiten: Die Eigelbe mit dem Honig hell und schaumig rühren. Die Sahne mit dem Zucker sehr steif schlagen. Beides vorsichtig miteinander vermischen und im Tiefkühlfach frieren.
Die Orange heiß waschen, abtrocknen, die Schale abreiben und den Saft auspressen. Mehl mit Zucker, 1 Prise Salz und der Orangenschale mischen. Mit Milch und Wasser glattrühren. Flüssige Butter, Grand Marnier, Orangensaft und Eier zufügen, alles gründlich verrühren und etwa 30 Minuten zum Quellen stehen lassen.
In einer beschichteten Pfanne wenig Butterschmalz erhitzen. Mit einem kleinen Schöpflöffel etwas Teig einfüllen und durch Schwenken der Pfanne verteilen. Von beiden Seiten leicht knusprig braten. Nacheinander 8 Crêpes backen.
Die Crêpes aufgerollt auf eine feuerfeste Platte legen und mit Puderzucker bestäuben. Kurz unter den heißen Grill schieben, bis der Zucker leicht bräunt.
Je zwei Crêpes auf einen Teller legen und 2 Kugeln Honigparfait daneben setzen.

Palatschinken mit blitzschnellem Himbeereis

FÜR DIE PALATSCHINKEN:

100 g Mehl · 2 EL Zucker · Salz · 180 ml lauwarme Milch
100 ml kohlensäurehaltiges Mineralwasser
50 g flüssige Butter · 3 Eier · Butterschmalz zum Braten

FÜR DAS EIS:

300 g tiefgekühlte Himbeeren · 250 g Puderzucker

AUSSERDEM:

4 EL Himbeer- oder Johannisbeerkonfitüre

Mehl mit Zucker und 1 Prise Salz vermischen und mit Milch, Wasser, Butter und Eiern gründlich verrühren. Etwa 30 Minuten zum Quellen stehen lassen.
In einer beschichteten Pfanne wenig Butterschmalz zerlassen. Mit einem kleinen Schöpflöffel etwas Teig einfüllen und durch Schwenken der Pfanne verteilen. Von beiden Seiten leicht knusprig backen und warm halten.
Die gefrorenen Himbeeren mit dem Puderzucker in eine hohe, schmale Rührschüssel füllen und mit dem Stabmixer pürieren.
Die Crêpes dünn mit Konfitüre bestreichen, halbmondförmig zusammenfalten, mit etwas Puderzucker bestäuben und eine Portion Himbeersorbet daneben setzen.

Wiener Himbeeromelett (Rezept Seite 225)

Flambierte Rum-Rosinen-Crêpes mit Schokoladeneis

FÜR DIE CRÊPES:

2 EL Rosinen · 1 Schnapsglas Rum
100 g Mehl · 2 EL Zucker · Salz
180 ml lauwarme Milch
100 ml kohlensäurehaltiges Mineralwasser
50 g flüssige Butter · 3 Eier

AUSSERDEM:

½ l oder 8 Kugeln Schokoladeneis

Die Rosinen im Rum einweichen. Mehl mit Zucker und 1 Prise Salz vermischen, mit Milch, Wasser, Butter und Eiern gut verrühren und etwa 30 Minuten zum Quellen stehen lassen.

Die aufgequollenen Rosinen zum Teig geben. In einer beschichteten Pfanne wenig Butterschmalz erhitzen. Mit einem kleinen Schöpflöffel etwas Teig einfüllen und durch Schwenken der Pfanne verteilen. Von beiden Seiten leicht knusprig backen. Auf diese Weise 8 Crêpes herstellen.

Je 2 Crêpes zusammengeklappt auf einen Teller legen und 2 Kugeln Schokoladeneis obenauf setzen.

Crêpes mit Calvados-Äpfeln und Walnusseis

FÜR DIE CRÊPES:

100 g Mehl · 2 EL Zucker · Salz
180 ml lauwarme Milch
100 ml kohlensäurehaltiges Mineralwasser
50 g flüssige Butter · 3 Eier
Butterschmalz zum Braten

FÜR DIE FÜLLUNG:

400 g säuerliche Äpfel · 2 EL Butter · 2 EL Zucker
1 Schnapsglas Calvados

AUSSERDEM:

8 Kugeln oder ½ l Walnusseis

Mehl mit Zucker und 1 Prise Salz vermischen, mit Milch, Wasser, Butter und Eiern gut verrühren. Zum Quellen stehen lassen.
Die Äpfel schälen, vom Kernhaus befreien und in dünne Spalten schneiden. Die Butter in einer Kasserolle zerlassen und die Äpfel darin andünsten. Den Zucker darüber streuen und leicht karamelisieren lassen. Mit dem Calvados ablöschen.
In einer beschichteten Pfanne wenig Butterschmalz erhitzen. Mit einem kleinen Schöpflöffel etwas Teig einfüllen und durch Schwenken der Pfanne verteilen. Von beiden Seiten leicht knusprig backen. Auf diese Weise 8 Crêpes herstellen und warm halten.
Auf vorgewärmte Teller jeweils 2 Crêpes legen, jede mit etwas Apfelfüllung belegen und doppelt übereinander klappen. Auf jeden Crêpe-Fächer eine Kugel Walnusseis setzen.

Omelette surprise
(Überraschungsomelett)

Die Überraschung besteht darin, dass ein baiserumhülltes, riesiges Stück Gebäck frisch aus dem Backofen, womöglich noch flambiert und brennend serviert wird – und beim Aufschneiden eine intakte Füllung aus köstlich-kühlem Eis freigibt. Das ist möglich, weil die Schicht aus Biskuit (Schaumomelett!), die den Eiskern ganz umhüllt, so gut isoliert, dass das Eis sogar die hohen Backofentemperaturen übersteht.
Die diversen Überraschungsomeletts wie »Norwegisches Omelett«, »Moskauer Omelett« (mit Kümmelschnaps) oder »Sissi-Omelett« unterscheiden sich nur geringfügig durch die Beigabe von kandierten oder gekochten Früchten, unterschiedlichen Spirituosen oder kandierten Veilchen im Falle von »Sissi«.
Sie können deshalb ebenso gut gleich Ihre eigene Spezialität kreieren, indem Sie den Biskuit mit Ihrer Lieblingsspirituose tränken und mit Früchten Ihrer Wahl garnieren.
So ein Überraschungsomelett erfordert natürlich einigen Aufwand, macht dafür aber großen Eindruck, wenn es brennend zu Tisch getragen wird. Sehr geeignet als krönender Abschluß eines Festessens!

Für 8 bis 10 Personen:

FÜR DEN BISKUIT:

6 Eier · 175 g feinkörniger Zucker · 175 g Mehl · Salz
Butter für die Form · 1 Schnapsglas Grand Marnier

FÜR DIE BAISERHAUBE:

4 Eiweiß · 1 Prise Salz · 75 g Puderzucker

AUSSERDEM:

1 l sehr gutes Vanilleeis · 4 cl Grand Marnier zum Flambieren

Den Backofen auf 180° vorheizen. Die Eier trennen. Das Eigelb mit dem Zucker so lange schlagen, bis eine fast weiße Creme entstanden ist. In einer zweiten Schüssel das Eiweiß mit einer Prise Salz sehr steif schlagen.
Das Mehl über die Eigelbmasse sieben und behutsam darunter heben. Etwa ein Viertel des Eischnees, dann den Rest ganz vorsichtig unterziehen.
Eine große Springform buttern. Die Biskuitmasse einfüllen und hellbraun backen, was etwa 25 Minuten dauert.
Den Biskuit auskühlen lassen, dann aus der Form lösen und quer durchschneiden, so dass Sie zwei dünne Teigplatten haben. Die Biskuitplatten mit dem Likör beträufeln. Aus einer Platte einen schmalen Keil, der vom Rand bis zur Mitte reicht, herausschneiden. Die Platte läßt sich jetzt kuppelförmig auf die andere aufsetzen.
Die intakte Platte mit Eis in Form eines kleinen Hügels bedecken, dabei einen etwa 3 cm breiten Rand freilassen. Die Größe dieses Hügels muß dem Hohlraum entsprechen, den die eingeschnittene, an den Schnittstellen zusammengedrückte Platte ergibt.
Die Kuppel um das Eis schließen. Den Backofen auf 200° vorheizen. Das Eiweiß mit dem Puderzucker zu sehr steifem Schnee schlagen. Die Biskuitkuppel mit dieser Baisermasse bestreichen. Einen Rest Eischnee übrig lassen, in eine Spritztülle füllen und den Biskuit mit ein paar netten Schnörkeln verzieren.
Das Überraschungsomelett 4 bis 5 Minuten im heißen Backofen überbräunen, mit angewärmtem Grand Marnier begießen, anzünden und brennend zu Tisch bringen – die »Aahs« und »Oohs« Ihrer Gäste sind Ihnen sicher!

Variante: **Omelette surprise Rózsika**

Dafür den Biskuit mit etwas ungarischem Aprikosenschnaps (*Barack Palinka)* tränken und in die fertige Baiserhaube 150 g Walderdbeeren stecken.

Süße Crêpes

Pariser Crêpes

✶

Normannische Crêpes

✶

Marzipan-Crêpes

✶

Crêpes-Säckchen mit Honig-Orangen-Sauce

✶

Crêpes Suzette

✶

Crêpes mit Sauerkirschen
und Zabaione

Im Straßenverkauf gibt es sie – nicht nur in Frankreich, sondern auch bei uns – in ungezählten Variationen: ganz einfach, nur mit Zucker oder mit etwas Kakaopulver bestäubt, gefüllt mit Marmelade und mit Nüssen, übergossen mit Likör oder Sahne. Crêpes sind geduldig und lassen sich so ziemlich jede Auflage gefallen. Sogar in Brand setzen lassen sie sich, ohne Schaden zu nehmen, wie beim berühmtesten Eierkuchen-Dessert, den Crêpes Suzette.

Crêpes sind übrigens – eine gute beschichtete Pfanne, in der der Teig schön gleiten kann, vorausgesetzt – sehr geeignet für Wendekunststückchen in der Luft.

Pariser Crêpes

Für 6 Portionen:

FÜR DIE CRÊPES:

125 g Mehl · 50 g Puderzucker · 3 Eier · 3/8 l Milch
Butter für die Pfanne

FÜR DIE FÜLLUNG:

3 Eigelb · 2–3 EL Zucker · 1/4 l Milch
Mark von 1 Vanilleschote · 1 gehäufter EL Speisestärke
3 EL kalte Milch · 1 EL Rum

ZUM ÜBERBACKEN:

3 Eiweiß · 60 g Puderzucker

FÜR DIE ERDBEERSAUCE:

300 g Erdbeeren · 3 EL Zucker

Alle Zutaten für den Teig gut miteinander verrühren und eine halbe Stunde quellen lassen.
Die Eigelbe mit Zucker cremig rühren. Die Milch mit dem Vanillemark aufkochen. Die Speisestärke mit ca. 3 EL kalter Milch anrühren. Die Eigelbmischung unter die von der Herdplatte genommene Milch schlagen und mit Rum parfümieren. Die Masse auf kleiner Hitze – am besten im Wasserbad – rühren, bis sie dicklich wird. Die angerührte Speisestärke darunterschlagen. Sobald die Creme andickt, aus dem Wasserbad nehmen und über Eiswasser kalt rühren.
Für die Erdbeersauce die geputzten, kurz abgebrausten Erdbeeren mit dem Zucker pürieren.
Den Crêpe-Teig noch einmal durchrühren. Daraus nacheinander 6–8 Crêpes backen: Eine ganz flache beschichtete Pfanne erhitzen, ein winziges Stück Butter darin schmelzen und einen Löffel Crêpe-Teig hineingeben. Die Menge ist so zu bemessen,

dass der Teig, wenn die Pfanne nach allen Richtungen geschwenkt wird, gerade dazu ausreicht, den Boden hauchdünn zu bedecken.
Sobald sich der Teig in der heißen Pfanne verteilt hat, können sie sich auch schon daran machen, ihn mit einem Wender an den Rändern behutsam zu lockern, um den Pfannkuchen zu wenden.
Die Creme auf die Crêpes verteilen und zu rechteckigen Päckchen falten. 3 Eiweiß mit 60 g Puderzucker zu Schnee schlagen, damit die Oberfläche bespritzen und bei 250 ° kurz überbacken.
Mit Erdbeersauce servieren.

Normannische Crêpes

Äpfel und Calvados – eine sündhaft gute Verbindung!

FÜR DIE CRÊPES:

125 g Mehl · 50 g Puderzucker · 3 Eier · 3/8 l Milch
Butter für die Pfanne

FÜR DIE FÜLLUNG:

300 g aromatische Äpfel · Saft von 1 Zitrone · 30 g Butter
1 EL Rosinen · 3 EL Calvados

AUSSERDEM:

3 EL gehackte Walnüsse · 50 ml Schlagsahne

Alle Zutaten für den Teig gut miteinander verrühren und eine halbe Stunde quellen lassen.

Die Äpfel schälen und in kleine Stückchen schneiden. Den Zitronensaft erhitzen, die Butter darin zerlassen, die Apfelstückchen und Rosinen darin andünsten. Den Calvados dazugießen. Wenn nötig, wenig Wasser oder besser noch Apfelsaft zugießen, damit die Äpfel nicht ansetzen. Ein bisschen Sauce darf/soll entstehen.

Die Äpfel gerade eben gar dünsten. Das dauert ein paar Minuten, wieviele genau, hängt davon ab, wie groß die Apfelstückchen sind, ob die Apfelsorte knackiger oder mehliger ist, wie stark die Hitze ist.

Den Teig noch einmal durchrühren. In einer beschichteten Pfanne nacheinander 8 Crêpes backen: Eine ganz flache beschichtete Pfanne erhitzen, ein winziges Stück Butter darin schmelzen und einen Löffel Crêpe-Teig hineingeben. Die Menge ist so zu bemessen, dass der Teig, wenn die Pfanne nach allen Richtungen geschwenkt wird, gerade dazu ausreicht, den Boden hauchdünn zu bedecken.

Sobald sich der Teig in der heißen Pfanne verteilt hat, können sie sich auch schon daran machen, ihn mit einem Wender an den Rändern behutsam zu lockern, um den Pfannkuchen zu wenden.
Die Crêpes auf vorgewärmte Teller legen. Die Äpfel mit einem Schaumlöffel aus der Sauce heben und auf die Crêpes verteilen. Zusammenfalten. Die Sauce mit der Sahne verrühren und über die Crêpes gießen. Mit den Walnüssen bestreuen.

Marzipan-Crêpes

FÜR DIE CRÊPES:

100 g Mehl · 3 Eier · 50 g geschmolzene Butter
125 ml Milch · 125 ml Mineralwasser
1 Msp Salz · 1 EL Zucker · Butterschmalz zum Braten

FÜR DIE FÜLLUNG:

200 g Aprikosenkonfitüre ohne Fruchtstückchen
(ggf. mit dem Pürierstab glattrühren)

FÜR DIE MARZIPANMASSE:

125 Marzipanrohmasse · 50 g Zucker
1 EL abgeriebene Zitronenschale · 2 Eiweiß

ZUM ÜBERBACKEN:

50 g Butter · 50 g Sahne · 2 EL Puderzucker · Butter für die Form

Mehl, Eier, Butter, Milch, Sprudel, Salz und Zucker zu einem glatten Teig verrühren und 20 Minuten zum Quellen stehen lassen.
In einer beschichteten Pfanne wenig Butterschmalz erhitzen, einen kleinen Schöpflöffel Teig einfüllen und durch Schwenken der Pfanne verteilen. Wenn der Pfannkuchen an der Unterseite appetitlich goldbraun ist, wenden und in Sekundenschnelle fertigbacken. Auf diese Weise den ganzen Teig zu Crêpes verarbeiten.
Die Crêpes dünn mit der Konfitüre bestreichen und dreifach zusammenklappen, so dass ein länglicher Streifen entsteht.
Den Backofen auf 250° vorheizen. Eine rechteckige Auflaufform buttern und die Crêpes hineinlegen.
Die Zutaten für die Marzipanmasse cremig verrühren. Die Masse in einen Spritzbeutel füllen und in Streifen auf die Crêpes spritzen.
Butter und Sahne aufkochen und über die Crêpes gießen. Mit dem Puderzucker bestäuben und wenige Minuten bei starker Hitze gratinieren.

Crêpes-Säckchen mit Honig-Orangen-Sauce

(siehe Foto Seite 187)

Ein ebenso dekoratives wie leckeres Dessert, mit dem Sie Ihre Gäste beeindrucken können.

FÜR DIE CRÊPES:

100 g Mehl · 1 Ei · ¼ l Milch · Salz · Butterschmalz zum Braten

FÜR DIE FÜLLUNG:

1 unbehandelte Orange · 400 g Doppelrahm-Frischkäse · 1 Ei
1 EL Zucker · 1 EL Rum

FÜR DIE SAUCE:

0,2 l Orangensaft (am besten natürlich frisch gepreßt)
2 EL Orangenmarmelade · 100 g Honig

ZUM VERSCHNÜREN:

8 Minzzweige

Aus Mehl, Ei, Milch und einer Prise Salz einen dünnen Teig bereiten und zum Quellen stehen lassen.
Die Orange heiß waschen und abtrocknen. Die Haut so dünn abschälen, dass nichts von der weißen Zwischenhaut daran bleibt, dann in feine Streifen schneiden. Die Orangenzesten mit Frischkäse, Ei, Zucker und Rum verrühren.
Für die Sauce in einem kleinen Topf Orangensaft (zu dem Sie auch die geschälte Orange gepreßt haben), Marmelade und Honig langsam erwärmen und bei schwacher Hitze etwa 10 Minuten lang einkochen lassen.
Während die Sauce köchelt, in einer beschichteten Pfanne in wenig Butterschmalz 8 hauchdünne Crêpes backen.
Die Sauce auf 4 Dessertteller, die Füllung auf die Crêpes verteilen. Diese mit Hilfe der Minzzweige zu Säckchen schnüren und je zwei auf einen Teller zur Sauce setzen.

Crêpes Suzette

Die Klassiker unter den süßen Crêpes. Zu Unrecht sind sie ein wenig in Vergessenheit geraten, als in den 70er/80er Jahren die Küche entrümpelt und das Flambieren abgeschafft wurde.

Für die Crêpes:

125 g Mehl · 50 g Puderzucker
3 Eier · 3/8 l Milch
Butter für die Pfanne

Ausserdem:

2 ungespritzte Orangen · Würfelzucker
Orangenlikör (Grand Marnier oder Marie Brizard)
Cognac · Butter

Alle Zutaten für den Teig gut miteinander verrühren und eine halbe Stunde quellen lassen.
Eine ganz flache beschichtete Pfanne erhitzen, ein winziges Stück Butter darin schmelzen und einen Löffel Crêpe-Teig hineingeben. Die Menge ist so zu bemessen, dass der Teig, wenn die Pfanne nach allen Richtungen geschwenkt wird, gerade dazu ausreicht, den Boden hauchdünn zu bedecken.
Sobald sich der Teig in der heißen Pfanne verteilt hat, können sie sich auch schon daran machen, ihn mit einem Wender an den Rändern behutsam zu lockern, um den Pfannkuchen zu wenden.

Pro Person 2 bis 3 Crêpes zubereiten und im Backofen warm halten. Die Zuckerstückchen an der sauberen Orangenschale wetzen, den Saft auspressen und bereit stellen.
Nun in einer großen Pfanne Butter schmelzen und Farbe an-

nehmen lassen. Zucker dazugeben, unter Rühren schmelzen und ganz leicht karamelisieren lassen. Mit Orangensaft und Likör ablöschen. Crêpes nacheinander in der Pfanne erwärmen und auf vorgewärmten Tellern anrichten. Nach Belieben mit Cognac flambieren, in jedem Fall mit der köstlichen Sauce aus der Pfanne begießen.

Crêpes mit Sauerkirschen und Zabaione

Da die Zabaione unbedingt in letzter Minute frisch gemacht werden muß und Sie schlecht gleichzeitig die Weinschaumcreme rühren und Crêpes backen können, ist es sinnvoll, die Crêpes schon im voraus herzustellen und nur kurz im Backofen aufzuwärmen.

FÜR DIE CRÊPES:

120 g Mehl · 1 Msp Salz · 1 TL Zucker · 3 Eier
150 ml Milch · Butterschmalz zum Braten

FÜR DIE ZABAIONE:

4 Eigelb · 6 EL Zucker · 50 ml Marsala (italienischer Süßwein, den Sie nach Belieben durch Vin Santo, Sherry o. ä. ersetzen können)

AUSSERDEM:

1 kleines Glas Sauerkirschen – während der kurzen Saison im Juli ist natürlich frisch gekochtes Kompott aus Sauerkirschen vorzuziehen!

Mehl, Salz und Zucker mit Eiern und Milch zu einem glatten Teig verrühren und 30 Minuten zum Ausquellen stehen lassen. In einer beschichteten Pfanne wenig Butterschmalz zerlassen und einen kleinen Schöpflöffel Teig einfüllen. Durch Drehen der Pfanne gleichmäßig verteilen. Wenn der Pfannkuchen an der Unterseite hübsch goldbraun ist, wenden und fertigbacken. Auf diese Weise den ganzen Teig zu dünnen Crêpes verarbeiten.
Die Crêpes auf vorgewärmten Tellern anrichten, bevor Sie mit der Weinschaumcreme beginnen:
Eigelbe in eine Metallschüssel füllen, Zucker und Marsala zufügen und mit dem Elektroquirl zu einer schaumigen Masse aufschlagen. Die Schüssel in einen Topf mit warmem Wasser stellen und unter ständigem Weiterschlagen erhitzen, bis die Zabaione dick schaumig ist. Den warmen Eierschaum über die Crêpes gießen, mit den Kirschen servieren.

Pfannkuchen und Omeletts aus dem Backofen: Süßes zum Schwelgen

Quark-Schaumomelett mit Aprikosenkompott

✶

Wiener Himbeeromelett

✶

Birnenpfannkuchen mit Zimtsauce

✶

Grießeierkuchen

✶

Mokka-Omeletts

✶

Biskuitomelett

✶

Berliner Pfannkuchen

✶

Rhabarber-Makronen-Omelett

In dieser Rubrik finden Sie keine hauchdünnen Eierteigküchlein – die sind in den Kapiteln *Süße Crêpes, Palatschinken* und teilweise unter *Eis & heiß* aufgelistet. Hier geht es richtig zur Sache: Mit voluminösem Teig, der beim Backen flauschig dick aufgeht.

Hier finden Sie auch Rezepte für jene Pfannkuchen, die eher in den Bereich Konditorei gehören: Berliner Pfannkuchen und im Ofen gebackene Biskuits, die in Konditoreien unter der Bezeichnung »Omelett« gehandelt werden.

Einige weitere dicke süße Pfannkuchenexemplare finden Sie unter *Pancakes* und im Kapitel über den dicken, fetten Pfannkuchen.

Birnenpfannkuchen mit Zimtsauce (Rezept Seite 226)

Quark-Schaumomelett mit Aprikosenkompott

Für den Teig:

4 Eier · 120 g Zucker · Mark von 1 Vanilleschote
50 g Speisestärke · Schale von 1 Zitrone und von 1 Orange
500 g Magerquark · 200 g Crème fraîche
50 g Mehl · 30 g Butter · Puderzucker zum Bestreuen
Butterschmalz zum Braten

Für das Kompott:

200 g getrocknete Aprikosen · 40 ml Marillenbrand
1 EL Honig · 50 g Zucker · 200 ml frischer Orangensaft
Zesten von 1 Orange

Für das Himbeermark:

250 g TK-Himbeeren · 60 g Puderzucker

Eier trennen. Eiweiß mit 50 g Zucker zu Schnee schlagen. Eigelb mit restlichem Zucker schaumig rühren, mit den übrigen Zutaten zusammenarbeiten.
In einer Pfanne mit ofenfesten Griffen ausreichend Schmalz zerlassen und die Hälfte des Teigs einfüllen. Nach ca. 4 Minuten in den 170° heißen Backofen schieben und fertigbacken. Den zweiten Pfannkuchen ebenso zubereiten.
Für das Kompott die Aprikosen im Schnaps einweichen. Honig und Zucker schmelzen, Saft und Zesten zufügen. Einige Minuten einkochen, dann Aprikosen samt Schnaps zugeben und 5 Minuten köcheln.
Himbeermark bereiten. Dafür die aufgetauten Himbeeren mit Puderzucker pürieren. Omeletts mit Kompott füllen, zusammenklappen, mit Himbeermark und Puderzucker garnieren.

Wiener Himbeeromelett

(siehe Foto Seite 205)

Die Menge reicht für 4 Personen als Dessert – dann bekommt jeder ein halbes Omelett. Ist die Lust auf Süßes groß, schaffen es auch zwei.

FÜR DIE OMELETTS:

4 Eier · 200 g Quark (20 % Fett) · 1 TL abgeriebene Zitronenschale
Butter zum Braten

FÜR DIE FÜLLUNG:

300 g Himbeeren (frisch oder TK) · 100 g Zucker

AUSSERDEM:

2 EL Sahne · Puderzucker zum Bestäuben

Die Eier trennen. Die Eigelbe mit Quark und Zitronenschale verrühren. Das Eiweiß zusammen mit etwa $^2/_3$ des Zuckers zu einer cremigen, nicht übermäßig festen Masse schlagen. Beide Massen behutsam miteinander vermengen.
Den Backofen auf 220° vorheizen. 200 g Himbeeren mit dem restlichen Zucker vermischen. Die übrigen mit dem Mixstab pürieren und durch ein Sieb passieren.
Wenn sie 2 gleich große beschichtete Pfannen (mit ofenfesten Griffen!) haben, können Sie beide Omeletts gleichzeitig backen – sonst eben nacheinander: Butter in der Pfanne/den Pfannen erhitzen. Jeweils die Hälfte der Omelettmasse einfüllen und etwa 2 Minuten backen. Anschließend im Backofen etwa weitere 8 Minuten fertigbacken.
Die Omeletts auf vorgewärmte Teller legen, mit Himbeeren belegen und zusammenklappen.
Die Himbeersauce neben die Omeletts löffeln. Ein bisschen Sahne mitten hineinträufeln und mit einem Holzstäbchen Muster durchziehen. Mit Puderzucker bestäuben.

Birnenpfannkuchen mit Zimtsauce

(siehe Foto Seite 223)

Für 6 Portionen:

FÜR DIE SAUCE:

4 Eigelb · 75 g brauner Zucker · 150 ml Sahne
150 ml Milch · 1 Prise Salz · ½ TL gemahlener Zimt

FÜR DIE BIRNEN:

300 g Birnen (2 Stück) · 25 g Butter · 25 g Zucker
2 EL Zitronensaft · 2 cl Grand Marnier

FÜR DEN TEIG:

150 g Mehl · 150 ml Sahne · 150 ml Milch · 6 Eigelb
Salz · Mark von 1 Vanillestange · 3 Eiweiß
1 TL Zucker · Butter zum Ausbacken

AUSSERDEM:

25 g Butter · 25 g Zucker · 30 g Mandeln zum Karamelisieren

Für die Sauce die Eigelbe cremig rühren. Die Sahne mit der Milch, Salz und Zimt aufkochen, vom Herd nehmen, die Eigelbmischung darunterrühren und die Masse auf kleiner Hitze schlagen, bis sie leicht andickt: Auf dem Kochlöffel bilden sich rosenblätterartige Formen, wenn man darauf pustet. Die Sauce durch ein Haarsieb gießen und über Eiswasser kalt schlagen.
Die Birnen schälen, vierteln, vom Kernhaus befreien und die Viertel in dünne Scheiben schneiden. Butter und Zucker in einer Pfanne schmelzen, die Birnenspalten darin in kleinen Portionen karamelisieren, Zitronensaft und Orangenlikör dazugeben und bis zur Hälfte einkochen.
Für den Teig das Mehl mit Sahne, Milch, Eigelb, Salz und Vanille verrühren. Das Eiweiß sehr steif schlagen, den Zucker einrieseln lassen und den Schnee unter den Teig heben. Aus der Masse in einer Pfanne mit 20 cm Ø in heißer Butter 6 Pfannkuchen backen. Jedes Küchlein mit Birnenspalten bele-

gen, Butterflöckchen und Zucker darauf verteilen und im sehr heißen Backofen oder unter dem Grill leicht bräunen und karamelisieren. Die Mandeln darüber streuen und mit Puderzucker besieben. Sollte noch etwas Birnensirup vom Kochen übrig sein, darüberträufeln.
Mit der Sauce servieren.

Grießeierkuchen

FÜR DIE PFANNKUCHEN:

¼ l Milch · 2 EL Butter · 2 EL Zucker · 100 g Grieß
6 Eier · Salz · Butterschmalz zum Braten

AUSSERDEM:

100 g rotes Johannisbeergelee · 3 EL Zucker

Die Milch mit Butter und Zucker aufkochen. Den Grieß einstreuen und bei schwacher Hitze ausquellen lassen.
Die Eier trennen. Das Eigelb unter den gekochten Grieß rühren. Das Eiweiß mit einer Prise Salz steif schlagen und unterziehen.
In einer großen Pfanne ausreichend Butterschmalz erhitzen und die Hälfte des Grießbreis einfüllen. Wenn die Unterseite leicht gebräunt ist, mit Hilfe eines Tellers wenden und von der anderen Seite fertigbacken. Anschließend einen zweiten Pfannkuchen backen (schneller geht's natürlich, wenn Sie mit 2 Pfannen gleichzeitig arbeiten.).
Einen Pfannkuchen auf eine feuerfeste Platte legen und dick mit dem Johannisbeergelee bestreichen. Den zweiten Pfannkuchen darüber legen. Dick mit Zucker bestreuen und unter dem heißen Grill überbacken, bis der Zucker geschmolzen ist.
Wie eine Torte in Stücke schneiden. Dazu schmeckt Zwetschgenkompott.

Mokka-Omeletts

Diese Omeletts sind eigentlich eher ein Gebäck, nicht das, was man sich landläufig unter einem Omelett vorstellt. Vielmehr handelt es sich um eine zarte Biskuitmasse. Da sie von den Konditoren aber als Omeletts gehandelt werden, wollen wir hier auch zwei davon vorstellen.

Für 8 Stück:

FÜR DIE BISKUITMASSE:

3 Eier · 1 Prise Salz · 75 g Zucker · 60 g Mehl · 45 g Speisestärke
1 gehäufter TL Instant-Kaffeepulver

FÜR DIE FÜLLUNG:

½ Tafel Mokka-Schokolade · 300 ml Schlagsahne · 1 EL Zucker
1 TL Instant-Kaffeepulver

AUSSERDEM:

Zucker fürs Tuch · Puderzucker und Kakao zum Bestäuben

2 Bögen aus Backpapier jeweils in der Größe eines Backblechs zurechtschneiden. Auf jeden Bogen in größtmöglichem Abstand 4 Kreise von etwa 12 cm Ø aufzeichnen.
Die Eier trennen. Eiweiß mit Salz zu steifem Schnee schlagen. Dabei langsam den Zucker einrieseln lassen. Das Eigelb unterrühren. Mehl mit Speisestärke und Kaffeepulver vermischen und locker unter den Eischnee heben.
Die Masse in einen Spritzbeutel füllen und spiralförmig die aufgemalten Kreise damit ausspritzen.
6–8 Minuten backen und anschließend auf ein mit Zucker bestreutes Tuch stürzen. Die Omeletts müssen ganz hell bleiben, weil sie sonst beim Umklappen brechen. Mit feuchtem Tuch bedecken, und wenn sie kalt sind, Papier abziehen.
Für die Füllung Mokkaschokolade reiben, Sahne mit Zucker

und Kaffeepulver schlagen und mit der Schokolade mischen. In die Omeletts füllen und mit Puderzucker und Kakao bestäuben.

Variante: Mit einem Spritzbeutel Erdbeer- oder Himbeersahne (geschlagene Sahne, die mit einigen Löffeln pürierten und gesüßten Beeren vermischt wurde) aufspritzen und vorsichtig zur Mitte hin übereinander klappen.

Biskuitomelett

FÜR DIE BISKUITMASSE:

3 Eigelb · 100 g Puderzucker · 40 g Mehl
40 g heiße braune Butter
Mark von ½ Vanilleschote · 6 Eischnee

ZUM TRÄNKEN:

Grand Marnier

AUSSERDEM:

Butter für die Pfanne
3–4 Pfirsiche in Scheiben, je nach Größe

Für die Biskuitmasse die Eigelbe mit Puderzucker schaumig rühren, das Mehl darunterziehen, ebenso die braune Butter, mit Vanillemark aromatisieren und den Eischnee vorsichtig unterheben.
20 g Butter in einer feuerfesten Pfanne zerlassen. Den Biskuit darin kurz anbraten, dann im Backofen bei 200° 10 Minuten backen. Mit Grand Marnier tränken und mit kurz gebratenen Pfirsichscheiben füllen.

Berliner Pfannkuchen

Die Berliner nennen ihn schlicht *Pfannkuchen*, Nicht-Berliner nennen ihn *Berliner*. In Süddeutschland und Österreich genießt man ihn als *Krapfen*, während die Frankfurter in einen *Kreppel* beißen. So vielfältig die Namen, so vielseitig ist auch das Innenleben dieses speziellen Pfannkuchens. Unter den Puristen gibt es zwei Fraktionen: Für die einen kommt ausschließlich Aprikosenkonfitüre in Frage, die anderen – nicht minder rigoros – beharren auf Hagebutten-Mark. Dann gibt es aber auch Leckermäulchen, die ihren *Berliner* mit Himbeer- oder Erdbeerfüllung mögen, und schließlich die Unerschrockenen, die ihn mit einer mächtigen Vanille- oder Schokocreme gefüllt verschlingen.

Wenn Sie Spaß an Glaubenskriegen haben – es gibt noch einen weiteren: Kommt die Füllung vor oder nach dem Backen in den Pfannkuchen? Beides geht. Die langwierigste – für ihre Anhänger aber einzig wahre – Methode: Wie bei einem Knödel kommt die Füllung auf einen dünnen Fladen, der dann mit der Hand um diese Füllung herum geschlossen und zur Kugel gerollt wird. Vorteil: Die Krapfen, pardon: Pfannkuchen, werden schön kugelig, und die mitgebackene Füllung wunderbar aromatisch. Bedeutend schneller geht es, die Marmelade mit einer Spezialtülle in den fertigen Krapfen zu spritzen.

FÜR DIE PFANNKUCHEN:

1 Würfel Frischhefe (42 g) · 150 ml lauwarme Milch
75 g Zucker · 60 g flüssige Butter
500 g Mehl · 3 Eier · Salz
geschmacksneutrales Öl oder Butterschmalz zum Ausbacken

AUSSERDEM:

1 Glas Marmelade nach Wahl zum Füllen
Zucker zum Bestreuen

Die Hefe in die lauwarme Milch bröckeln und mit etwas Zucker verrühren. 15 Minuten warm stellen, z. B. in einer Schüssel mit warmem (nicht heißem!) Wasser.
Die Hälfte des Mehls mit dem Hefebrei verrühren. Die Butter und die Eier unterrühren. Bis hierher können Sie mit dem Elektrokneter arbeiten. Ab jetzt ist Handarbeit angesagt (wenn Sie den Teig nicht von Anfang an in der Küchenmaschine machen). Den Rest des Mehls zusammen mit einer Prise Salz in den weichen Teig einkneten. So lange kneten, bis der Teig nicht mehr an den Händen klebt.
Den Teig zu einer Kugel formen, in eine mit Mehl ausgestäubte Schüssel legen und mit einem Tuch bedecken. An einem warmen Ort gehen lassen, bis sich das Volumen annähernd verdoppelt hat.
Den Teig in kleine Portionen teilen, die Sie – bereits gefüllt oder auch nicht, siehe oben – zwischen den Händen zu Kugeln rollen. Auf ein bemehltes Tuch legen, mit einem zweiten Tuch abdecken und gehen lassen, bis sie doppelte Größe haben.
In einem Topf, einer Friteuse oder einer hohen Pfanne (damit sie dem Wort Pfannkuchen gerecht werden!) ausreichend Öl oder Schmalz erhitzen und die Teigkugeln nacheinander zu schönen *Berlinern* backen.
In Kristall- oder Puderzucker wälzen.

Rhabarber-Makronen-Omelett

Eine üppige Süßspeise, bei der der herb-säuerliche Geschmack des Rhabarbers und die Süße des Marzipans wunderbar harmonieren.

50 g Magerquark · 1 EL Speisestärke
90 g Mehl · 3 Eier · 40 g Marzipanrohmasse
1 TL Zitronenschale
40 g Zucker · 150 ml Milch · 350 g Rhabarber
2 EL Zucker · 2 EL Butter
100 g zerbröselte Amaretti (italienische Mandelmakronen)
40 g Mandeln, gehobelt

AUSSERDEM:

Puderzucker · 4 Kugeln Vanilleeis

Quark, Stärke, Mehl, Eier, gewürfeltes Marzipan, Zitronenschale, 40 g Zucker und Milch mit dem Handrührer zu einem glatten Teig verrühren.
Den Rhabarber putzen und in etwa 2 cm lange Stückchen schneiden. In einem Topf mit kochendem Wasser übergießen. Nach ein bis zwei Minuten wieder abschütten und einzuckern.
In einer großen Pfanne mit ofenfesten Griffen die Butter erhitzen und den Teig einfüllen. Nach 2 Minuten die Makronenbrösel, den Rhabarber und die Mandeln verteilen.
Bei 200° 20–25 Minuten überbacken. Mit Puderzucker bestäuben und mit Eis servieren.

Rezeptverzeichnis nach Sachgruppen

Klassische Omeletts und Schaumomeletts

Pancakes

Der dicke, fette Pfannkuchen

Pfannkuchensuppen

Omeletts, Crêpes und Pfannkuchen mit Fisch und Meeresfrüchten

Vegetarisch gefüllte Pfannkuchen als Hauptgericht

Mit Fleisch gefüllte Pfannkuchen als Hauptgericht

Tortillas – spanische Omeletts und Tapa-Happen

Frittata – die italienische Schwester der Tortilla

Pikante und süße »Hochstapler«

Pikant gestapelt

Alphabetisches Rezeptregister